Katrin Unterreiner

LUZIWUZI

Dieses außergewöhnliche Foto Ludwigs mit den Brüdern Merveldt von Ludwig Angerer stammt aus einer Serie von humoristischen Fotografien, die das Interesse und die Freude der jungen Herren an Experimenten mit dem damals neuen Medium Foto und vor allem ihren Humor belegen.

Katrin Unterreiner

LUZIWUZI

Das provokante Leben des
Kaiserbruders Ludwig Victor

MOLDEN

INHALT

6 EINLEITUNG

8 KAISERLICHE KINDHEIT
- 9 Erzherzogin Sophie und Erzherzog Franz Carl
- 17 »Hetzi war rührend glücklich«
- 22 »Spectacle müssen sein«
- 26 »Ich sehne mich besonders nach dem lieben Hetzi«
- 29 »Frommes Vorlesen« und »Gouters«
- 35 »... nach dem Essen producirte sich der kleine Ludwig im Frack.«
- 38 »Zu den Männern«
- 45 »... wie der Franzi Kaiser geworden ist ...« Die Thronbesteigung Franz Josephs

48 FAMILIENLEBEN
- 49 »Er tanzt mit Passion«
- 54 »Blendend schön« – Kaiserin Elisabeth
- 57 Artig und wohlerzogen
- 59 »Wir nahmen einen herzzerreissenden Abschied« Kaiser Max von Mexiko
- 63 »Schwach im Talente« – Erzherzog Carl Ludwig

66 ALLTAG EINES KAISERLICHEN DANDYS
- 67 Alltag eines Kaiserbruders
- 80 Erste Heiratspläne
- 87 Aus den Konfidentenberichten des Informationsbüros
- 94 Gspusis bei Hof
- 98 »Mein armer Paul«

110 MÄZEN UND LEBEMANN

    111 Tod der Herzensmama
    114 »Grosser Ball bei Ludwig«
    115 Freund und Förderer der schönen Künste
    117 Schloss Kleßheim

122 SKANDALE UND FEHDEN

    123 »Überall waren seine Kabalen gefürchtet …«
    129 Der Skandal um Louise Coburg
    140 »… eine schiecher als die andere« Erzherzog Franz Ferdinand

142 DER EKLAT

    143 Ein »unangenehmes Rencontre«
    149 Eklat im Centralbad
    156 Posierte Erzherzog Ludwig Victor in Frauenkleidern?

160 DIE VERBANNUNG

    161 Zerwürfnis mit dem Kaiser
    168 Die Gräfin Montignoso
    171 Unter Kuratel gestellt – Letzte Krankheit und Tod

178 ANMERKUNGEN, QUELLEN UND LITERATUR

EINLEITUNG

Erzherzog Ludwig Victor, der jüngste Bruder Kaiser Franz Josephs, war mit Sicherheit einer der außergewöhnlichsten Habsburger. Intelligent, geistreich, charmant und lebenslustig auf der einen, zynisch, intrigant und moralisierend auf der anderen Seite, ist er auf Grund seines ambivalenten Charakters schwer einzuordnen. Er war zweifellos eine schillernde Persönlichkeit, fand jedoch wie so viele Habsburger in der zweiten Reihe keine Aufgabe, die ihm auch nur annähernd gerecht geworden wäre. Ludwig hatte angesichts seiner Eloquenz sicherlich beste Voraussetzungen, eine führende Rolle in der Monarchie zu spielen. Doch Franz Joseph schaffte es auch bei seinem jüngsten Bruder nicht, dessen Talente zu nutzen und ihm dadurch ein erfülltes Leben zu ermöglichen. Schon seinen talentierten und ehrgeizigen Bruder Ferdinand Max hatte er in eine politisch unbedeutende Rolle gedrängt und damit das katastrophale mexikanische Abenteuer ausgelöst. Auch seinen ungeheuer begabten, gebildeten, intelligenten und engagierten Sohn Rudolf hielt er in völliger politischer Bedeutungslosigkeit und nahm ihm jegliche Chance sich einzubringen, mitzugestalten und damit eine Wertschätzung zu erfahren, die vielleicht nicht nach Mayerling geführt hätte. Auch Ludwig durfte keine wichtige Rolle spielen. So war auch er, wie alle intelligenten und engagierten Mitglieder des Kaiserhauses, bis zu einem gewissen Grad ein Opfer der Familiengesetze und des solitären Herrscherverständnisses Kaiser Franz Josephs. Ludwig kompensierte die mehr oder weniger erzwungene Tatenlosigkeit viele Jahre lang in der Rolle eines Dandys, der gern glänzende Feste und rauschende Bälle feierte. Erst spät fand er – vor allem in Salzburg – Aufgaben, in denen er sich auch für das Allgemeinwohl und die Bevölkerung engagierte.

In den letzten Jahren musste der Erzherzog, in der Familie nur »Ludwig«, von Franz Joseph mitunter »Lutschi Wutschi« oder Luziwuzi genannt, auf Grund seiner sexuellen Orientierung vermehrt auch als Schwulenikone mit Hang zur Travestie herhalten. Dieses Bild des Erzherzogs hat jedoch mit der historischen Realität nichts zu tun, die populär gewordene Verzerrung seiner Persönlichkeit lenkt von einer seriösen Beurteilung ab. Der 100. Todestag des Erzherzogs am 18. Jänner 1919 bietet somit den Anlass, sich auf die Spuren Ludwig Victors zu begeben und einen äußerst facettenreichen Charakter abseits von Klischees und Legenden kennenzulernen.

Ich danke all jenen, die mich auf diesem Weg begleitet und bei der Quellenrecherche unterstützt haben. Mein ganz besonders herzlicher Dank gilt Dr. Roswitha Juffinger, wie immer Mag. Thomas Just sowie Petra Medřiková und Dr. Monika Faber für die fotohistorische Einordnung der bislang unbekannten Fotos des Erzherzogs. Leider blieb mir eine Quelle für meine Recherchen verwehrt – der Nachlass der Erzherzogin Sophie, der sich zwar im Haus-, Hof- und Staatsarchiv befindet, jedoch nach wie vor im Besitz der Familie Habsburg-Lothringen ist, die die Genehmigung zur Einsichtnahme erteilen muss. Diese wurde mir auf Grund meines letzten – kritischen – Buches über Kaiser Karl jedoch von Karl Habsburg-Lothringen verwehrt … Da sehr vieles aus diesem Nachlass bereits publiziert ist, war es mir dennoch möglich, darauf zurückzugreifen.

Katrin Unterreiner, Februar 2019

KAISERLICHE
KINDHEIT

ERZHERZOGIN SOPHIE UND ERZHERZOG FRANZ CARL

Zu Beginn des 19. Jahrhunderts fand in Wien eine Hochzeit statt, die zwar kein großes Aufsehen erregte, aber von entscheidender Bedeutung für die österreichische Monarchie wurde: Erzherzog Franz Carl heiratete am 4. November 1824 die Wittelsbacherin Sophie Friederike, Tochter König Maximilians I. von Bayern. Die bayerische Prinzessin sollte nicht nur die Mutter der regierenden Linie des Hauses Habsburg-Lothringen werden, sondern vor allem die entscheidende Persönlichkeit des Wiener Hofes. Sie war eine der prägendsten Frauen der Zeit, auch für ihre Söhne – vor allem aber für ihren jüngsten: Erzherzog Ludwig Victor.

Die Hochzeitspläne zwischen Bayern und Österreich waren von langer Hand vorbereitet. Schon während des Wiener Kongresses 1814/15 schrieb Staatskanzler Metternich von der Wichtigkeit einer Verbindung der beiden Häuser, um den politischen Spannungen zwischen den beiden Ländern entgegenzuwirken. König Maximilian I. von Bayern stimmte zu, dass eine seiner Töchter den zweitgeborenen Sohn des österreichischen Kaisers heiraten sollte. Die Verbindung mit dem zweiten Sohn wurde dadurch aufgewertet, dass vom ältesten Sohn und Kronprinzen Ferdinand, der schwerer Epileptiker und mental in vielen Bereichen beeinträchtigt war, keine Nachkommen zu erwarten waren und Franz Carl in der Thronfolge an nächster Stelle stand. Problematisch war, dass jedoch auch Franz Carl als »gutmütig«, sprich geistig nicht gerade herausragend bekannt war, was die Suche einer Gemahlin erschwerte. Dass die Wahl auf Sophie fiel, war daher kein Zufall. Denn die bayrische Prinzessin zeigte bereits in jungen Jahren Eigenschaften, die für eine solch zweckmäßige Verbindung notwendig waren, und so wurde Sophie bereits im Alter von zehn Jahren als Braut Franz Carls ausgewählt und mehr oder weniger behutsam auf ihre Zukunft an der Seite des Erzherzogs vorbereitet. Die Wittelsbacher Prinzessin war schon als junges Mädchen durch ihr Standes- und Pflichtbewusstsein, ihre Intelligenz und Vernunft aufgefallen und genau aus diesen Gründen wurde auch sie und nicht ihre Zwillingsschwester Marie als Braut auserkoren.

Die Brautwerbungsfahrt an den Tegernsee erfolgte im Mai 1824. Metternich höchstpersönlich begleitete sicherheitshalber den Erzherzog, um aufzupassen, dass sich dieser von seiner besten Seite zeigte. Zusätzlich sollte damit auch die politische Bedeutung der Verbindung unterstrichen werden. Auf bayerischer Seite war Sophies Schwager Johann von Sachsen anwesend, der den Erzherzog folgendermaßen beschrieb: »Das längst verabredete Heiratsproject des Erzherzogs mit meiner Schwägerin Sophie war der Grund dieses Besuchs; da konnte es nun nicht fehlen, daß sein wenig empfehlendes Äußeres und seine im Ganzen wenig versprechende Persönlichkeit keinen günstigen Eindruck und namentlich auf die nächstbetroffene Person hervorbrachten.«[1] Johann hatte seine Schwägerin in der Tat gut beobachtet, denn die 19-jährige Sophie war nach der jahrelangen Vorbereitung beim Anblick ihres künftigen Gatten zwar gefasst und bewahrte Haltung, begeistert war sie natürlich trotzdem nicht. Sophie wusste, was ihre Aufgabe im Leben war – nämlich dynastische Pflichterfüllung. Persönliches Glück war kein gültiges Lebensziel einer Prinzessin. Daher fügte sie sich nicht nur, sondern zeigte sich vom ersten Moment an fest dazu entschlossen, das Beste aus ihrer Situation zu machen. Sie zeigte sich herzlich und liebevoll und Franz Carl konnte sein Glück kaum fassen, dass eine hübsche, gebildete, intelligente Frau ihn nahm, wie er war, und schrieb begeistert an seinen Vater: »Je mehr wir, Sophie und ich, uns kennen lernten, desto vertrauter wurden wir. Schon als wir Tegernsee verließen, war alle Verlegenheit weg. In Nymphenburg kamen wir sehr viel zusammen allein. Ich saß

Erzherzogin Sophie. Aquarell von William Unger aus dem persönlichen Besitz Erzherzog Ludwig Victors.

täglich zu Mittag und Abends neben ihr, und da sprachen wir dann so recht vertraut über unsere zukünftigen Verhältniße, über unsere gegenseitigen Wünsche, wie wir recht glücklich, einig, und liebevoll zusammen leben wollten und da hatte ich … das Glück zu bemerken, daß wir in den meisten Punkten ganz dieselben Ansichten, und Denkungsarten hatten. Vorzüglich die letzten Tage vor meiner Abreise suchte sie sich recht an mich anzuschließen, und behandelte mich recht zärtlich, innig und mit der wärmsten Anhänglichkeit. Ich war über diese Beweise der herzlichsten Zuneigung ganz entzückt …«[2]

Dass der Erzherzog nervös gewesen und trotz aller Vorbereitungen und Abmachungen nicht sicher gewesen war, wie Sophie reagieren würde, beweist seine Schilderung der Verabschiedung des nun offiziell verlobten Paares an den kaiserlichen Vater. So meinte Sophie: »Ich habe bemerkt, daß sie sehr besorgt waren, ob sie mich glücklich machen könnten. Reisen sie getrost ab, bester Franz, und seyen sie überzeugt, daß aufrichtig gesprochen, sie mir während des ganzen Aufenthaltes bey uns recht wohl gefallen haben, und so ganz meinem Charakter, und meiner Denkungsart entsprochen haben; hätten sie mir nicht gefallen, so hätte ich ihnen ebenso aufrichtig gesagt, sie gefallen mir nicht.«[3] Ob dies ganz ernst gemeint war, sei dahingestellt, Sophie hatte sich jedenfalls in ihr Schicksal gefügt und sollte den respektvollen und liebevollen Umgang mit ihrem Mann ihr Leben lang beibehalten. Doch dahinter steckten nicht nur Pflichterfüllung, Gutmütigkeit und Großherzigkeit. Sophie hatte vor allem sehr schnell die Chancen, die in dieser Ehe lagen, erkannt: Dieser Ehemann würde ihr die Möglichkeit geben, in allen Bereichen den Ton anzugeben. Er bot ihr genau das, was den Ehefrauen ihres Standes normalerweise unmöglich war: ein weitgehend selbstbestimmtes und damit interessantes Leben zu führen, ihre politischen Ambitionen zu realisieren und eine bedeutende Rolle zu spielen.

Sophie äußerte sich dennoch niemals abfällig über ihren Bräutigam und späteren Gemahl – ganz im Unterschied zu ihrer eigenen Familie, allen voran ihrer Mutter Königin Karoline von Bayern, die beinahe wütend über die Verbindung war und frustriert beklagte, dass ihre hübsche, gebildete Tochter eine wesentlich bessere Partie verdient hätte: »Was soll ich Ihnen von unserem kleinen Erzherzog sagen? – Ich danke dem Himmel, daß Sophie bei allen ihr von der Natur verliehenen Vorteilen so vernünftig ist. Er ist ein bon garcon (Anm.: braver Bub), bestrebt, Gutes zu tun. Er fragt jedermann um Rat, mais il est terrible (Anm.: »aber er ist schrecklich«). Ich glaube es wird mir gehen wie Huldbrand, der sich an Undine zu Tode geweiht hat – mich würde er zu Tode langweilen. Manchmal halte ich es nicht mehr aus. Dabei ist er gebildet, sagt man, und beginnt, sehr verliebt zu werden. Das sollte mich freuen, aber ab und zu möchte ich ihn schlagen. Sophie ist so hübsch und geistreich! Fürst Metternich begreift das alles, sogar meine Offenheit und Ungeduld seinem Herren gegenüber, daß dieser nämlich seinen Sohn hat derart erziehen lassen, obwohl er ihn doch seit zehn Jahren einer meiner Töchter bestimmt hat.«[4] Damit hatte sie klar erkannt, was das Defizit aller Habsburger dieser Generation war. Kaiser Franz hatte keinen gesteigerten Wert auf eine fundierte Ausbildung seines jüngeren Sohnes gelegt, obwohl männliche Erben nur von ihm zu erwarten waren. Doch offenbar hielt es der Kaiser nicht für notwendig, die geistigen Schwächen seines Sohnes durch eine besondere Ausbildung auszugleichen, und ging davon aus, dass die Tatsache, ein österreichischer Erzherzog zu sein, als Lebensperspektive ausreichend sei. Doch im Unterschied zu ihrer Mutter sah Sophie in der »Einfachheit« ihres Gemahls eher ihre persönliche Chance und beklagte sich niemals über politische Entscheidungen und das Schicksal, das ihr einen solchen Gemahl auserkoren hatte. Ihre Zeitgenossen schüttelten den Kopf und konnten überhaupt nicht nachvollziehen, wie die beiden miteinander auskommen konnten.

Sophie wurde am Wiener Hof enthusiastisch begrüßt und auffallend herzlich aufgenommen. Vor allem mit Kaiser Franz, ihrem Schwiegervater, verstand sie sich sehr gut und sie hatte auch nicht das Problem einer eifersüchtigen Schwiegermutter – denn diese war niemand Geringerer als ihre eigene Halbschwester, eine Tochter ihres

Vaters aus erster Ehe. Somit hatte sie von Beginn an ein wohlwollendes, familiäres und herzliches Umfeld am Wiener Hof, das ihr die erste Zeit der Umgewöhnung sicher wesentlich erleichterte. Daher schrieb sie auch nicht wehmütig, sondern voller positivem Elan an ihre Großmutter: »Liebe Großmama – ich bin ziemlich glücklich und es wäre ziemlich schwer, dass ich es nicht sein sollte; man kann nicht liebenswürdiger sein als mein Gemahl – und er liebt mich so zärtlich – der Kaiser überhäuft mich mit seiner Güte und es scheint, als wolle er mir den zärtlichen, den besten Vater ersetzen, den ich verloren habe! Die ganze Familie erweist mir die rührendste Zuneigung und das einzige, was ich zu gewärtigen habe, ist, dass sie mich alle ein wenig verziehen, v. a. meine gute Charlotte (Anm.: ihre Halbschwester und Schwiegermutter Carolina Augusta), die ich nicht anders als meinen Schutzengel bezeichnen kann.«[5]

Sophie war als hübsche, eloquente Erzherzogin natürlich umschwärmt und verehrt und auch hierin sollte sich die Gutmütigkeit ihres Mannes als Glücksfall erweisen, denn er zeigte sich in keiner Weise besitzergreifend oder eifersüchtig. Andere Ehemänner hätten ihren Gemahlinnen sicherlich weniger Freiraum gewährt und so konnte sich die junge Erzherzogin gleich zweier Verehrer erfreuen – des Herzogs von Reichstadt und ihres Cousins Gustav Prinz Wasa, der seit der Absetzung seines Vaters als König von Schweden im Wiener Exil lebte. Der Sohn Napoleons und seiner zweiten Frau Erzherzogin Marie Louise wuchs ja nach dem Sturz seines Vaters den Beschlüssen des Wiener Kongresses entsprechend getrennt von ihm in Wien auf. Seine Mutter Louise hatte Wien bald verlassen und war ohne ihren Sohn nach Parma gezogen, wo sie mit ihrem neuen Lebensgefährten und später Ehemann und den gemeinsamen Kindern als Herzogin lebte. Ihr Sohn, in Wien »Prinz Franzi« genannt, wuchs vereinsamt am Wiener Hof auf und suchte verständlicherweise Anschluss an halbwegs gleichaltrige Familienmitglieder. In den ersten Jahren war Sophie in erster Linie eine mütterliche Freundin, doch mit zunehmendem Alter verliebte sich der hübsche junge Prinz in die char-

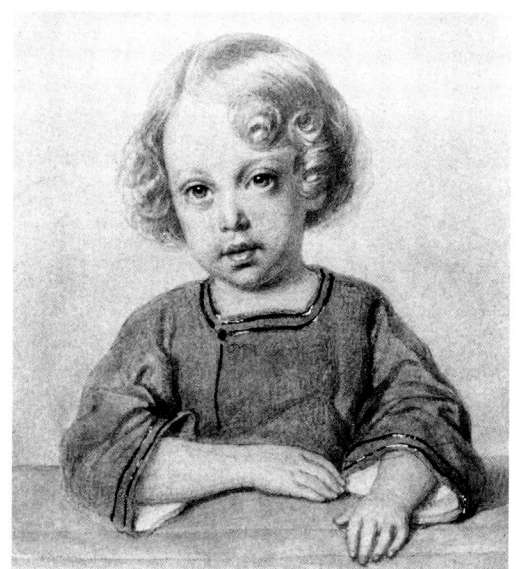

Erzherzog Ludwig Victor als Kind. Aquarell von Joseph Kriehuber 1844.

mante »Tante« und die Zuneigung schien nicht einseitig gewesen zu sein. Dass die beiden – wie immer wieder gemunkelt wurde – mehr als nur innige Freundschaft und Verehrung seitens des Herzogs verband, ist jedoch eher unwahrscheinlich. Im Hinblick auf ihr großes Ziel und ihre ehrgeizigen Pläne bei Hof ist es kaum denkbar, dass ausgerechnet die vernünftige Sophie aus einer Emotion heraus einen Skandal riskiert hätte. Wahrscheinlich ist eher, dass sie die Verehrung des feschen jungen Prinzen genoss, ohne jemals eine kompromittierende Situation zuzulassen, und vor allem die innige Freundschaft mit ihm schätzte. Der frühe Tod ihres »Fränzchens« 1832 war für Sophie ein schwerer Schlag, lange Zeit trauerte sie um ihren Freund und Vertrauten.

Dass Sophie nach fünf Jahren noch immer keine Kinder hatte, lag nicht daran, dass sie nicht schwanger wurde. Nach fünf Fehlgeburten verschrieben die Hofärzte schließlich Solebäder im damals neuen Kurort Ischl. Die Kur half tatsächlich und Sophie brachte am 18. August 1830 endlich das heiß ersehnte Kind zur Welt: Franz Joseph.

Die kaiserliche Familie auf der Schönbrunner Schlossterrasse. Vorne sitzend von links nach rechts: Kaiserin Elisabeth mit Kronprinz Rudolf am Schoß, Erzherzogin Gisela, Erzherzogin Sophie, Erzherzog Franz Carl. Dahinter stehend: Kaiser Franz Joseph, Erzherzog Ferdinand Max, seine Frau Charlotte von Belgien, Erzherzog Ludwig Victor und Erzherzog Carl Ludwig.

Damit begann für die Erzherzogin ein neuer Lebensabschnitt mit einem klaren Ziel: Ihr Sohn sollte als potentieller Thronerbe erzogen werden.

Für die Dynastie Habsburg-Lothringen war die Ehe Franz Carls mit Sophie ein absoluter Glücksfall, denn es war Sophie allein zu verdanken, dass sie mit sehr viel Klugheit, Ehrgeiz und Konsequenz ihren ältesten Sohn Franz Joseph, der, Gott sei Dank, eher nach der Mutter als nach dem Vater kam, zu einem gebildeten jungen Mann erzog, der als Monarch in Frage kam. Im Hinblick auf die geistigen Voraussetzungen der männlichen Habsburger dieser Generation ist es verständlich, dass sie einen so gewaltigen Aufwand betrieb und ihren Sohn direkt zum künftigen Kaiser »dressierte«. Bei ihren anderen Söhnen war sie wesentlich weniger streng und nachgiebiger. Und ihr jüngster Sohn Ludwig sollte überhaupt ihr verhätscheltes »Bubi« werden.

»HETZI WAR RÜHREND GLÜCKLICH«

Sophie hatte nach einigen Anlaufschwierigkeiten ihre Pflicht als Erzherzogin tadellos erfüllt und zwischen 1830 und 1833 gleich drei Söhne geboren. Der Fortbestand der Dynastie war also gesichert, als Mutter des künftigen Kaisers hatte sich Sophie damit eine mächtige Position bei Hof gesichert. Ein harter Schicksalsschlag war der frühe Tod ihrer einzigen Tochter Maria Anna (1835–1840), doch nach einigen Fehlgeburten sollte sie 1842 noch einmal Mutter werden.

Am 15. Mai 1842 brachte Sophie mit 37 Jahren – nach elf Schwangerschaften, darunter sechs Fehlgeburten und eine Totgeburt – ihr sechstes Kind zur Welt, das auf den Namen Ludwig Joseph Anton Victor getauft wurde. Der kleine Ludwig wurde in einer familiär äußerst harmonischen Zeit geboren. Die Familie führte ein abwechslungsreiches, unterhaltsames Leben und die Kinder konnten frei von zeremoniellen Pflichten und strenger Etikette aufwachsen. Seit dem Tod ihres Großvaters Kaiser Franz II./I. war ihr Onkel Ferdinand Kaiser, weshalb die Eltern und damit auch die Kinder keinerlei Repräsentationspflichten nachkommen mussten und mehr oder weniger frei ihren Interessen nachgehen konnten. Sophie widmete sich in erster Linie der Erziehung ihrer Kinder und ihre größten Sorgen waren die üblichen Kinderkrankheiten. Vater Franz Carl lebte zufrieden und ohne große Ambitionen ein klassisch aristokratisches Leben, ging tagsüber spazieren und auf die Jagd, abends ins Theater oder Ballett. Er nahm weder am politischen noch am familiären Leben regen Anteil, worüber bei Hof hinter vorgehaltener Hand getratscht wurde. Sein größtes Interesse galt dem Theater, das er jeden Abend besuchte, um seine älteren Kinder kümmerte er sich kaum, hatte auch wenig Kontakt zu ihnen und überließ auch dieses Feld nur allzu bereitwillig seiner aktiven Gemahlin. Der kleine Ludwig hingegen bildete eine Ausnahme, denn in den ersten Jahren verbrachte er im Gegensatz zu seinen Geschwistern auffallend viel Zeit mit beiden Eltern, vor allem aber mit seiner Mutter, die ihn überall mitnahm und ganz vernarrt in das herzige und hübsche Baby war. Ludwig war daher offenbar ein sehr anhängliches und verschmustes Kind, was eine absolute Ausnahme bei Hof war, da die Kinder normalerweise der Tradition entsprechend mehr oder weniger gleich nach der Geburt ihren Ajas übergeben wurden, zu denen sie meist eine viel herzlichere Beziehung hatten. Anders bei Ludwig Victor, in der Familie meist »Hetzi« genannt, der ganz auf seine Mutter fixiert war. So schilderte Sophie im Sommer 1843 einen Ausflug mit den Kindern: »Gestern mittag fuhren wir mit den vier Kindern an den Steg, wo wir zu Mittag aßen, während eine Bauernhochzeit im Zimmer gegenüber tanzte und schmauste … Hetzi war rührend glücklich, mit uns zum Steg zu fahren und auf meinem Schoß zu sitzen. Er sah mich so freundlich und zärtlich an und streichelte mir das Gesicht …«[6] Selbst seine Brüder waren ganz vernarrt in den kleinen Ludwig, so schrieb Franz Joseph an seine Mutter, die offenbar kurz von ihrem Liebling getrennt war: »Auch dem lieben kleinen Ludwig, welcher von Tag zu Tag hübscher und lieber wird, gab ich den Kuß, welchen Sie ihm schickten, eigens, außer den übrigen, welche er täglich von mir bekommt.«[7]

Ludwig wurde zum Liebling der Familie und sorgte selbst mit seinen äußerst seltenen Wutanfällen für Unterhaltung. Seine Aja Marie Vecsey unterhielt die Familie immer wieder mit Anekdoten des kleinen Erzherzogs, die Sophie in ihrem Tagebuch schilderte. Als er eines Tages keine Nachspeise erhielt, da er schlimm gewesen war, schimpfte er mit seiner Aja und meinte: »Ich weiß gar nicht, warum mich der liebe Gott dazu bestimmt, diese alte Gredel zu heiraten.«[8] Wo auch immer der Kleine diesen Satz aufgeschnappt hatte – er fand ihn jedenfalls in dieser Situation passend und die Familie war begeistert. Immer wieder war die Großfamilie von Ludwigs Charme entzückt.

Auch als sich Sophie 1846 mit ihren Schwestern Elise, Königin von Preußen, und Marie, Königin von Sachsen, in Ischl traf, amüsierte Hetzi die Gesellschaft mit seiner ungestümen Art. Als Gräfin Ernestine Schönburg, die Obersthofmeisterin der Erzherzogin Sophie, vor ihm sagte, er scheine die Baronin Hake, die Obersthofmeisterin Amelies von Wasa, auf Grund ihrer schönen Schultern vorzuziehen, lief er, um dies zu beweisen, gleich auf Letztere zu, um sie zu küssen. Als sie sich mit den Worten, sie habe einen fürchterlichen Schnupfen, dagegen wehrte, erklärte er ihr: »Aber deine Schultern haben keinen Schnupfen.«[9]

Ludwig erheiterte seine Familie aber nicht nur mittels Anekdoten, sondern trug auch selbst wesentlich zur abendlichen Unterhaltung bei. Da er schon als Kleinkind Musik und Tanz liebte, forderte er seine Eltern und Geschwister immer wieder auf, mit ihm oder für ihn zu tanzen: »Bubi ist kreuzfidel. Er gibt nicht nach, bis jemand sich ans Klavier setzt und er dann mit Vater, Mutter und Brüdern einen Reigen tanzt. Als die Klavierspielerin aufhört, läuft er zum Instrument, haut mit beiden Fäusten auf die Tasten und verlangt, daß seine Eltern dazu tanzen sollen.«[10] Dank seines Charmes und seiner Liebenswürdigkeit wurde Bubi zum geliebten und verhätschelten Nesthäkchen und erklärten Liebling seiner Mutter. Sophie freute sich vor allem über die überschwängliche Zärtlichkeit ihres Kleinsten und schilderte folgende rührende Szene, als er im Prater eine Margerite pflückte und mit einem Blick auf die Hofdame Marie Vecsey begann, sie mit dem Spielreim »Ich liebe dich, von Herzen, mit Schmerzen, ein wenig, gar nicht« zu entblättern. Auf einmal wandte er sich von seiner Aja ab und sagte zu sich selbst: »Jetzt mach' ich es für die Mama«, und wiederholte das Spiel, allerdings mit den Worten: »Ich liebe dich, ich liebe dich und sonst kommt nichts nach.«[11] Die anderen Grade wollte er für seine Mutter nicht einmal nennen.

Franz Joseph war natürlich sein angehimmeltes Idol, besonders gern hatte er aber seinen zweitgeborenen Bruder Ferdinand Max, in der Familie nur »Maxi« genannt. Als Sophie wieder einmal mit dem äußerst phantasievollen und besonders oft zu Streichen aufgelegten Maxi schimpfte, begann dieser zu weinen. »Da kommt Bubi angerannt, erhebt sich auf die Fußspitzen, gibt ihm einen Kuß und sagt ihm mit tiefem Mitleid in der Stimme: ‚Gutes Maxerl, ich werde dir ein Kugerl schenken'. Maxi ist so gerührt, daß ihm erst recht die Tränen kommen.«[12] Gerade seinen Brüdern gegenüber zeigte er sich auffallend aufmerksam, wochenlang machte er sich Gedanken über Geschenke für sie und besprach mit seiner Aja immer wieder, was wem Freude machen könnte. Diese revanchierten sich wiederum mit ausgefallenen Geschenken für ihren kleinen Bruder, so schenkte Carl Ludwig dem Vierjährigen ein Lämmchen, mit dem er den gesamten Hofstaat verzückte. Seine Mutter schilderte ihrer Schwester Caroline Auguste hingerissen: »Mit seinem Lamm, das ihm Carl im Frühjahr geschenkt hat … ist er gar zu herzig; fast jeden Morgen nimmt er es mit sich zur Gloriette hinauf; ganz frei, aber wie ein Hund läuft ihm das Lamm nach und hört nur auf ihn. – Wenn es Bubi augenblickl. aus dem Gesicht verloren hat – so sucht es ihn überall, u. auf seinen Ruf läuft es in seine ausgebreiteten Arme; neul. sagte mir Bubi: ‚denke Dir Mama, wie ich gestern mit dem Lamm von der Gloriette herunter gegangen bin, so hat es gethan, als wenn es der Kaiser wäre u. ist immer die Stufen vor mit hergegangen …' Marie Vecsey sagte mir, Bubi hätte so komisch immer dem Lamm gesagt: ‚mein liebes Lamm, Du bist nicht der Kaiser!'.«[13]

Bei aller Begeisterung für ihren jüngsten Sohn, verlor Sophie aber nie ihr wichtigstes Ziel aus den Augen: Ihr ältester Sohn Franz Joseph sollte einmal Kaiser werden. Im Unterschied zu ihren Vorgängerinnen beschäftigte sie sich mit der Erziehung aber nicht nur theoretisch in Form von detaillierten schriftlichen Anweisungen an die jeweiligen Erzieher, wie es einst Maria Theresia getan hatte, sondern kümmerte sich höchstpersönlich darum. Sie nahm immer wieder am Unterricht teil, überwachte gewissenhaft den Lernfortschritt und stand in ständigem Kontakt mit den Lehrern. In den Pausen unternahm sie täglich mit den Kindern Ausfahrten und Spaziergänge und verbrachte somit ganz im Gegensatz zur Tradition bei Hof den Großteil des Tages mit ihren Kindern. Sophie hatte erkannt, dass Maria Theresias Werte in ihrer Generation in Vergessenheit geraten waren und gerade die mehr oder weniger nicht vorhandene Bildung eine der größten Schwächen der Habsburger und ihrer Meinung nach die gefährlichste war. Immer wieder beklagte sie die Versäumnisse ihres Schwiegervaters Kaiser Franz, der sich überhaupt nicht um die Bildung seiner Kinder gekümmert hatte, was zur Folge hatte, dass diese Generation – nicht nur seine Kinder – ungebildet, uninteressiert und in ihren Augen verweichlicht und ohne eigenen Willen war. Als kluge Frau erkannte Sophie die Gefahr, die sich in Zeiten der immer gebildeteren Mittelschicht daraus für die Dynastie ergab, und legte daher enormen Wert auf die Erziehung ihrer Kinder.

Doch Sophie war nicht nur engagierte und strenge Mutter, sondern liebte durchaus auch die Vorzüge ihrer gesellschaftlichen Stellung. Der Abend gehörte ihren Interessen, die Erzherzogin ging zwar gern ins Theater – noch lieber veranstaltete sie jedoch Abendgesellschaften, die durchaus als glänzend bezeichnet werden können und großen Anklang in der aristokratischen Gesellschaft fanden.

»SPECTACLE MÜSSEN SEIN«

Sophie liebte auch große Familienzusammenkünfte und war stolz, dass die gesamte Familie täglich zum Tee kam. Zu besonderen Anlässen wie Geburtstagen oder Namenstagen wurden kleine Theaterstücke, bei denen die Kinder im Mittelpunkt standen, einstudiert. Diese familiären Aufführungen waren seit Maria Theresia und ihrem Motto »Spectacle müssen sein« Tradition bei Hof, da sich die Kinder dadurch spielerisch an gutes, selbstbewusstes Auftreten, artikuliertes Sprechen und generell an »Auftritte« vor Publikum gewöhnen sollten. Beliebt waren auch die sogenannten *Tableaux*, bei denen die Familienmitglieder in entsprechenden Kostümen Gemälde und andere bildliche Darstellungen nachbildeten. Eine detaillierte Schilderung dieser Tableaus bietet das Tagebuch Erzherzog Carl Ludwigs, der darin eine dieser Aufführungen anlässlich des Geburtstages seines Vaters Franz Carl im Dezember 1845 festhielt. Schon Tage vor her begannen die Proben, Herr Gripes, der Zeichenlehrer der Kinder, stellte die Kulissen her, ein Großteil der Hofdamen, Oberthofmeister, Kämmerer sowie deren Kinder übernahmen Rollen. Schauspieler aus dem Burgtheater deklamierten aus dem Hintergrund passende Gedichte, Sänger der Hofcapelle gaben mit Klavierbegleitung oder Harmonika Lieder zu den dargestellten Szenen zum Besten: »Abends waren nun diese Tableaux zur Nachfeier des Geburtstags vom Papa. Es waren ziemlich viele Leute da. Es waren 6 Tableaux und 3 Szenen. Das erste Tableau war: ‚Der kleine Leipziger Leibpostillon'. Der kleine Ludwig machte den Postillon, der Maxi und ich machten zwei Handwerksburschen … Bei jedem Tableau wurde hinter der Scene gesungen … das dritte Tableau stellte den Mahler Ostade in einer Wirthsstube vor. Franzi machte den Mahler. Dénes Széchényi (Anm.: der Sohn des Obersthofmeisters Erzherzogin Sophies), der Graf Wurmbrand und der Graf Coronini machten einige Spieler … Das erste Tableau in der zweiten Abtheilung war eine ‚Matrosenszene' nach der Lithographie, die der Franzi gemacht hat. Es waren drei Matrosen, Dénes Széchényi, Franz Falkenhayn und Charli Bombelles (Anm.: alle drei Burschen im Alter Franz Josephs) … das vierte Tableau war: ‚Das Eugenslied'. Wir alle drei waren als Husaren zur Zeit des Prinzen Eugen. Der Baumann declamierte während diesem Tableau hinter der Szene … nachdem war eine Bauernszene … Zuletzt war eine Alpenszene, die Bezug auf den Geburtstag von Papa (nahm).«[14]

Groß gefeiert wurden auch die christlichen Festtage, wobei Weihnachten privat im engsten Kreis gefeiert wurde – im Unterschied zu den repräsentativen katholischen Feiertagen wie Ostern mit Gründonnerstagsfußwaschung und Karfreitagsprozession oder der Fronleichnamsprozession. Wenig bekannt ist, dass das Weihnachtsfest, so wie wir es heute kennen, eigentlich Erzherzogin Sophie zu verdanken ist. Über Jahrhunderte war das Weihnachtsfest am Wiener Kaiserhof den katholischen Traditionen entsprechend gefeiert worden. Dazu hatten weder Geschenke noch ein Weihnachtsbaum gehört, sondern die Familie hatte sich im Salon, in dem eine Krippe aufgebaut war, versammelt und besuchte als Höhepunkt dieses religiösen Festtages die Christmette. Erst zu Beginn des 19. Jahrhunderts änderte sich diese Tradition, als einige Habsburger und Aristokraten im Umfeld der kaiserlichen Familie Protestantinnen heirateten, die auf ihre evangelische Weihnachtsfeier nicht verzichten wollten und sie auch am Kaiserhof und damit langsam auch im ganzen Land etablierten. Den ersten Christbaum brachte Henriette von Nassau, die mit Erzherzog Karl verheiratet war, nach Österreich. Das Paar lebte in der Weilburg in Baden und dort sah Kaiser Franz II./I. 1816 erstmals einen festlich geschmückten Weihnachtsbaum, der ihm so gut gefiel, dass er daraufhin auch einen in der Hofburg haben wollte. Aber erst mit Erzherzogin Sophie setzte sich das heute noch übliche Weihnachtsfest durch, das den Abend zu einem bürgerlich geprägten Familienfest mit geschmücktem Baum und kleinen Geschenken machte, dessen Höhepunkt nun die Bescherung und nicht mehr der Besuch der Christmette war.

Sophie Baronin Scharnhorst, eine Hofdame der Prinzessin Amelie von Schweden, die die engste Freundin Sophies war und in Wien lebte, berichtete 1846 von ihrem ersten Weihnachtsfest im Kreise der kaiserlichen Familie: »...fuhren wir in die Burg, um der Bescherung bei der Erzherzogin Sophie beizuwohnen, die über alle Beschreibung glänzend ist. Um einen großen Baum, der mit Hunderten von Lichtern bestrahlt war, und dessen Zweige das schönste Zuckerwerk trugen, reihten sich die mit reichen Gaben besetzten Tische der jungen Erzherzöge, die alles boten, das das Auge erfreuen und den Geist befriedigen kann. Der kleine Ludwig blieb natürlich in den Grenzen der Spielereien. Diese waren so wunderschön und so mannigfaltig, daß man selbst zum Kinde wurde und gern damit spielte. Die Damen und Herren bekamen Silber und Geschmeide. Es war ein allgemeiner Jubel. Der Kaiser, die Kaiserin, alle hohen Herrschaften wohnten dem Feste bei, dessen Seele und Zierde die liebliche Erzherzogin ist. Mit seltener Anmut und Huld, wie ein Engel, spendet sie jedem erwünschte Gaben und begleitet diese mit den liebevollsten Worten.«[15]

Die Kinder bekamen Spielsachen, Bücher, spezielle Gewänder und getrocknetes Obst. So notierte Carl Ludwig in seinem Tagebuch: »24. Um 5 Uhr gingen wir in den Segen und um 6 Uhr gingen wir zu der Mama, wo der Christbaum war. Ich bekam eine Menge schöne Sachen so wie: von der Mama zwei Figuren von Gips ... einen Fischer und eine Fischerin vorstellend, dann eine Papeterie (Anm.: vermutlich Briefpapier), ein kleines Pferd in Bronze, ein kleines Figürchen aus Biscuit(porzellan), dann bekam ich und der kleine Ludwig zusammen zwei große Boutiquen von Holz. In der einen sind Tücher und in der anderen sind Esswaren. Sie sind sehr hübsch. Von der Mama habe ich noch getrocknetes Obst und einen Kalender bekommen. Von der Tante Amelie bekam ich einen Stock (Anm.: vermutlich einen

Wander- oder Gehstock). Vom Kaiser und von der Kaiserin bekam ich ein Dampfschiff von Holz, welches auf dem Wasser fährt, und dann bekam ich noch zwei Spiele. Das war Alles bei der Mama aufgestellt. Von der Großmama bekam ich zwei Medaillons und ein Bild, welches die Geburt Christi vorstellt, dann noch eine Handzeichnung, aber nicht in einem Rahmen, eine neumodische silberne Glocke, getrocknetes Obst, einen Federwischer, eine Bronzefigur und einen Papierkorb.«[16]
Die Geschenke waren im Unterschied zu heute nicht verpackt, sondern standen auf Tischen ausgestellt, jeder hatte seinen eigenen Gabentisch. Ludwig Victor scheint als Nesthäkchen besonders verwöhnt worden zu sein, denn seine Geschenke nahmen immer den größten Teil des Raumes ein. Der erwähnte große Kaufmannsladen sorgte für besondere Freude und an den folgenden Feiertagen spielten alle Brüder – auch die älteren – begeistert damit.

»ICH SEHNE MICH BESONDERS NACH DEM LIEBEN HETZI«

Ab 1846 verbrachte der kleine Ludwig, der nun vier Jahre alt war und bis dahin die meiste Zeit mit seiner Aja Marie Vecsey verbracht hatte, immer häufiger Zeit mit seinen älteren Brüdern. Er durfte ihnen beim Tanzunterricht zusehen und kam langsam in das Alter, in dem sie sich mit ihm beschäftigen und spielen konnten. Vor allem der neun Jahre ältere Carl Ludwig, der ihm altersmäßig am nächsten war, verbrachte immer mehr Zeit mit seinem kleinen Bruder, spielte gerne mit ihm mit dem Kaufmannsladen sowie einem kleinen Theater, weshalb Ludwig zu ihm später auch die innigste Beziehung hatte. Im Tagebuch Franz Josephs kommt Ludwig zwar nur selten vor, aber der Erstgeborene mochte seinen kleinen Bruder offenbar sehr gern, da er vor allem nach Krankheiten wie Schafblattern und Scharlach, bei denen er durch die wochenlange Quarantäne von seinen Brüdern getrennt war, vor allem den kleinen Hetzi vermisste: »Die Karantaine wegen mir dauert schon lange, und ich sehne mich besonders nach dem lieben Hetzi.«[17] Krankheiten und damit einhergehende Quarantänen bildeten einen immer wiederkehrenden Einschnitt in das sonst harmonische Familienleben. Vor allem Franz Joseph wurde als potentieller Thronfolger immer sofort von seinen Brüdern getrennt, wenn sie krank waren, was für die Kinder sehr schmerzlich war, da sie ja praktisch keine Freunde, sondern mehr oder weniger nur sich hatten. Sophie übersiedelte immer mit dem jeweils kranken Kind mit in die Quarantäne, weshalb sie immer wieder für mehrere Wochen von den anderen Kindern getrennt war, was für beide Seiten schwer war. In Kontakt blieben die Kinder in dieser Zeit brieflich, vor allem Franz

Josephs Briefe an seine Brüder aus oder in die Quarantäne zeugen nicht nur von der engen Beziehung der Geschwister, sondern auch vom Humor des späteren Kaisers. So schrieb der kranke Erzherzog im April 1844 aus seiner Quarantäne ein Stockwerk über seinen Brüdern folgenden humorvollen Brief: »An alldiejenigen, die unter Uns wohnen! Impertinente Kreaturen! Wie habt Ihr Euch unterstehen können, nicht Nachfrage zu führen, wie sich meine Hoheit befinden? Ich lasse mich herab Euch impertinenten zu sagen, daß ich bläulichroth bin, mich ganz gut befinde und Euch in Gnaden gewogen bleibe. Dem Prinzen Hetzius melde ich mit hoher Gewogenheit meinen Respekt und schicke ihm ein Bußl. Der mit Euren Impertinenzen Unzufriedene Erzherzog Franz Joseph mit Herablassung gegeben auf Unserem Bette den 15ten des Ostermonathes nach Chr. Geb. anno 1844.«[18]

In der Hofburg oder in Schönbrunn konnte man sich immerhin nach einiger Zeit über lange Gänge getrennt sehen und zumindest kurz reden – schlimmer war es für alle Beteiligten, wenn die Krankheiten fern von Wien ausbrachen. Als Ludwig im Sommer 1843 in Ischl an den Masern erkrankte, blieb Sophie mit ihm über mehrere Wochen allein im angemieteten Feriendomizil. Frustriert schrieb sie an den Onkel Erzherzog Ludwig in Wien: »Mein kleiner Bubi hat seit gestern Masern ... nun bin ich von den Kindern wenigstens bis 20. Oktober getrennt ... Wie mich das und ihre verlängerte Einsamkeit in Schönbrunn betrübt und quält, können Sie sich vorstellen; die armen Kinder werden recht jammern. Franzi schreibt mir in jedem Brief von seiner Sehnsucht nach mir und nun mußte ich ihm gestern diese Hiobsbotschaft senden ...«[19] Damit die Trennung nicht zu lange dauerte, organisierte Sophie schließlich ein Treffen vor Ort mit Franz Joseph, als dieser von einer Italienreise zurückkehrte. Um sich nicht anzustecken, durften sich die Brüder allerdings nur von weitem sehen. Nach diesen kurzen Momenten mit ihrer Mutter fiel ihnen der Abschied umso schwerer: »26. verließen wir um halb 8 Uhr Aussee und fuhren bey sehr schlechtem Wetter über die Petschen nach Steg, wo wir vor zehn Uhr ankamen ... Bald kam die Mama angefahren. Wie freute mich dieses zwar nur kurze Wiedersehen! Wir nahmen zusammen ein Gabelfrühstück, bey welchem uns Mama und Gräfin Schönborn eine Menge über den kleinen Ludwig erzählten; er befindet sich jetzt recht gut und ist heute zum ersten Male den ganzen Tag auf; der Ausschlag schält sich schon zum Theile; doch fürchtet Mama, sich erst am 20ten Oktober mit uns in Wien vereinigen zu können. Wir fuhren mit Mama nach Ischl, wo wir von der Esplanade aus den kleinen Ludwig am Fenster sahen. Sehr wehmüthig war dieses kurze Wiedersehen am Fenster, wo wir ihn fast gar nicht sahen; der arme kleine sah so traurig herunter. Mama begleitete uns noch bis an den Gmundener See, von wo wir um zwey Uhr mit dem Dampfschiffe abfuhren. So lang man dasselbe nur sehen konnte, blickte uns die Mama nach, und wehmüthig winkten wir uns gegenseitig mit dem Schnupftuche zu.«[20]

»FROMMES VORLESEN« UND »GOUTERS«

Der Alltag der Kinder war genau eingeteilt, das galt selbst für Spielzeiten oder Ausflüge. Sophie legte großen Wert auf einen geregelten Tagesablauf, der im Sommer um 6 Uhr früh begann, und die Erzherzogin war überzeugt, dass die bei den Habsburgern bis dahin übliche Zwanglosigkeit schlecht für die Entwicklung der Kinder war und sie an ein straff geregeltes Tagesprogramm gewöhnt werden sollten. Müßiggang war für sie wortwörtlich der Anfang allen Lasters. Daher hatten die Kinder wenig Freizeit. Franz Joseph hatte als potentieller Thronfolger das strengste Unterrichtsprogramm, das ab seinem 12. Lebensjahr ein Pensum von acht Stunden pro Tag vorsah. Seine jüngeren Brüder hatten wesentlich mehr Freizeit und keinen so intensiven Unterricht. Grundsätzlich gab es für die kaiserlichen Kinder auch keine Ferien – der Unterricht wurde auch während der Aufenthalte in den Sommerresidenzen oder in zur Sommerfrische angemieteten Villen fortgesetzt – wenn auch eingeschränkt, um den Kindern mehr Zeit an der frischen Luft zu ermöglichen. Am Ende des »Schuljahres« gab es jeweils Ende Juni Prüfungen über den gesamten erlernten Stoff, die im Beisein der Eltern stattfanden.

Fundament der Erziehung war jedoch die Religion. Sie bildete den Hauptaspekt der Ausbildung der Kinder und Sophie ließ es sich nicht nehmen, vor allem die religiöse Lektüre ihrer Söhne nicht nur auszuwählen, sondern sogar persönlich vorzutragen – eine Tradition, die sie bis ins Erwachsenenalter ihrer Kinder beibehielt. So ist in ihrem Tagebuch wiederholt vermerkt, dass nach dem Frühstück das »Fromme(s) Vorlesen vor den Kindern«[21] stattfand. Wie schon bei seinen älteren

Brüdern übernahm auch bei Ludwig Victor der k. k. Hofkaplan Joseph Columbus die religiöse Erziehung des Prinzen. Sophie hatte nach wie vor größtes Vertrauen zu ihrem Beichtvater und befolgte daher auch seinen Ratschlag, den kleinen Erzherzog nicht zu früh mit dem religiösen Erziehungsprogramm »anzustrengen«. Vielmehr sollte ihm Sophie zunächst nur die Abbildungen seines Gebetbuches zeigen, um so seine »Freude am Gebet zu fördern und zu kultivieren«.[22] Interessant ist, dass Sophie durch ihre evangelische Mutter eigentlich eine protestantische Erziehung genossen hatte. Erst mit ihrer Heirat in das erzkatholische Kaiserhaus war sie zum Katholizismus übergetreten und entwickelte sich am Wiener Hof zur Paradekatholikin und strengen Hüterin der peinlich genauen Einhaltung der katholischen Glaubenslehre. So ist es auch nicht verwunderlich, dass die Erstkommunion eines der wichtigsten Ereignisse im Leben der Kinder war. Carl notierte am Tag seiner Erstkommunion in seinem Tagebuch: »Heute ist der wichtigste Tag meines ganzen Lebens«,[23] und Baronin Scharnhorst schilderte die feierliche Zeremonie von Ludwigs Erstkommunion folgendermaßen: »4. Dezember 1853: Neulich wohnte ich der ersten Kommunion des lieben kleinen Erzherzogs Ludwig bei, der mit seinen Eltern und Brüdern, dem Kaiser à la tete, zum Tische des Herrn ging. Es war rührend anzusehen, wie andächtig das liebe Kind dabei war, und wie herrlich der Himmel die hohe Familie in Andacht vereint.«[24] Diese Schilderung zeigt, dass Religion nicht nur wesentlicher Teil der Erziehung war, sondern religiöse Riten generell einen hohen Stellenwert hatten. Da sich die Habsburger als Monarchen von Gottes Gnaden empfanden – ihre Herrschaft also durch göttliche Gnade verliehen und legitimiert sahen –, gehörte diese demonstrative Religiosität zum Selbstverständnis der Dynastie. Auch aus diesem Grund waren Beichtväter allgegenwärtige Begleiter der Familie und hatten nicht geringen Einfluss.

In ihrer Freizeit gingen die Kinder am Vormittag – auch bei schlechtem Wetter – spazieren oder machten Ausfahrten. In den Wintermonaten, wenn die Familie in der Hofburg lebte, standen zumeist Spaziergänge auf der Bastei auf dem Programm, sobald es milder wurde, fuhren die Kinder mit ihren Eltern gern in den Augarten, wo sie manchmal auch eine kleine Jause nahmen. In den Sommermonaten, wenn die Familie in Schönbrunn residierte, spielten die Kinder am liebsten im sogenannten »Boulingrin«, einem Teil des Schlossparks, der seinen Namen vom englischen Wort *Bowling Green* ableitete. In diesem privaten Teil des Schlossparks Richtung Meidling befand sich ein Spielplatz mit einer großen Schaukel, einigen Schießbuden und einem Kaninchenstall. Später kamen noch weitere kleine Tiere hinzu – unter anderem das Lämmchen, das Ludwig von Carl geschenkt bekommen hatte. Im Boulingrin konnten die Kinder aber vor allem auch mit gleichaltrigen Freunden – in erster Linie mit den Söhnen ihrer aristokratischen Erzieher – herumtollen und auch einmal wild und ungestüm sein. So notierte der kleine Erzherzog Carl Ludwig im Oktober 1844 in seinem Tagebuch: »Heute Mittag exercirten wir im Boulingrin, und nach dem Exerciren rissen wir im sogenannten Sturm die Bäume aus. In einem von den Strahlen des Sturms kommt die neue kleine Schweiz vom Maxi hin.«[25] Mit der »kleinen Schweiz« war eine kleine Meierei gemeint, die nach der »strategisch notwendigen« Verwüstung durch die Kinder auf dem nun leeren Bereich errichtet wurde und in der in der Folge »Gouters« – kleine Kinderjausen – stattfanden. Dass die kaiserlichen Kinder jedoch ganz bewusst nicht verwöhnt wurden – auch nicht in kulinarischer Hinsicht –, geht aus einer Tagebucheintragung des kleinen Carl Ludwig hervor, in der er 1844 hervorhebt, dass die Kinder ausnahmsweise am Nachmittag zur Jause Zwetschkenkuchen bekamen, worüber sie ganz begeistert waren. Auch bei Ausflügen ins Wiener Umland, bei denen dann in Gasthäusern gejausnet wurde, ging es bescheiden zu und die Familie bestellte gewöhnlich Erdäpfel, Trauben und Butterbrot.

Im Boulingrin wurde aber nicht nur »kriegerisch« gekämpft, sondern auch sportlich – so lernten die Kinder hier turnen und fechten und immer wieder wurden kleine Wettkämpfe wie Wettrennen veranstaltet, die von den Kindern auch zeichnerisch festgehalten wurden.

Im Schlosspark lernten die Kinder auch reiten und im Löschwasserteich oberhalb der Römischen Ruine schwimmen. Das Element Wasser übte auf Ludwig offenbar einen besonderen Reiz aus, denn auch wenn alle Kinder gute Schwimmer waren, war doch keiner so begeistert davon wie er, und seine täglichen Bäder wurden für den ansonsten eher als unsportlich zu bezeichnenden Erzherzog zu seinem lebenslangen Lieblingshobby.

Das Mittagessen fand traditionell im Familienkreis statt, anschließend stand meist ein Ausflug in den Prater auf dem Programm. Am Nachmittag folgten Besuche bei Verwandten, danach speisten die Kinder in ihrem Appartement und hatten den Abend zum Spielen – oft waren auch gleichaltrige Freunde, meist dazu auch einer der Lehrer eingeladen. Besonders beliebt bei den Kindern waren die Besuche von oder bei ihrer Stiefgroßmutter, Kaiserin Caroline Auguste, die immer in Begleitung ihrer Hofdame Baronin Sturmfeder kam, die ja als Aja der Buben die ersten Jahre mit ihnen verbracht hatte und zu der sie ein besonders inniges Verhältnis hatten. Daher gehörten die Besuche der »Großmama mit der Amie«, wie die Aja von den Kindern genannt wurde, zu den schönsten Abenden, auf die sie sich immer freuten. Die Eltern sahen die Kinder am Abend so gut wie nie – ihr Vater war täglich im Theater, in das ihn Sophie entweder begleitete oder sie hatte andere Einladungen oder selbst Gäste. Erst als Jugendliche durften die Kinder ihre Eltern ins Theater oder in die Oper begleiten, wobei zunächst meist nur ein Akt erlaubt war – erst als Erwachsene durften sie auch eine ganze Vorstellung sehen. Dass sie am Abend nicht ausgingen, bedeutete jedoch nicht, dass die Kinder früh schlafen gingen. Aus Carl Ludwigs Tagebuch geht hervor, dass sie ihre Mutter oft erst um ½ 9 Uhr abends, manchmal sogar erst um ¼ 10 besuchten, oder auch ihre Großmutter erst gegen ½ 9 zu Besuch kam. Während ihnen Sophie gerne vorlas, spielten sie mit der Großmutter gerne Karten – unter anderem Schwarzer Peter, ein damals neues Spiel, das die Kinder liebten.

Großes Vergnügen bereitete den Kindern es auch, von der Galerie aus heimlich Bälle oder Empfänge mitzuverfolgen – der kleine Ludwig Victor durfte seine Brüder das erste Mal im Jänner 1845 dazu begleiten. Um die Kinder auf die Etikette bei Bällen vorzubereiten, veranstaltete man in aristokratischen Kreisen gerne Kinderbälle – so auch die Habsburger. Diese Kinderbälle waren für die Buben insofern spannend, als diese eine der wenigen Gelegenheiten waren, andere Kinder kennenzulernen. Normalerweise fand das Leben der Kinder ausschließlich im Familienkreis statt – ab und zu durften sie wie erwähnt mit den Söhnen ihrer Erzieher spielen, aber sonst gab es keinerlei Gelegenheit, andere Kinder kennenzulernen oder gar Freundschaften zu schließen. Dass diese Kinderbälle zu den aufregendsten Ereignissen zählten, belegt auch eine förmliche Bittschrift, die die Kinder am Geburtstag ihrer Mutter am 27. Jänner 1845 ihrer Großmutter überreichten, in der sie darum baten, dass noch ein Kinderball stattfinden dürfe.

Während die drei älteren Geschwister mehr oder weniger gemeinsam aufwuchsen – wobei Franz Joseph von Beginn an eine Sonderstellung einnahm –, wuchs der kleine Ludwig, der ja zehn Jahre jünger war, mehr oder weniger allein auf und verbrachte die meiste Zeit nicht mit seinen Brüdern oder Spielgefährten, sondern mit seiner Mutter und ihren Hofdamen. Dazu trug wahrscheinlich auch die Tatsache bei, dass Ludwig ein besonders kränkliches Kind war und Sophie die ersten Jahre viele Wochen und Monate damit verbrachte, ihren jüngsten Sohn zu pflegen. Immer wieder hielt er nicht nur seine Mutter, sondern den gesamten Hofstaat auf Trab. Vor allem sein Gesundheitszustand nahm in der Korrespondenz der Hofdamen immer wieder einen besonderen Status ein: »Gestern früh waren wir in Schönbrunn. Ich durfte den kleinen Erzherzog Ludwig sehen, der sich unbeschreiblich erholt hat und, ein wenig Blässe abgerechnet, voll und wohl aussieht. Er ißt und schläft vortrefflich. Doch muß er noch immer sehr ruhig gehalten werden und sitzt im Schlafrock auf seinem kleinen Fauteuil. Gottlob und Dank. Seeburger (Anm.: Hofarzt) ist sehr zufrieden und fürchtet keinen Rückfall. Die Erzherzogin Sophie strahlt vor Freude.«[26]

Ludwig war auch der Liebling der Hofdamen – so schrieb Baronin Scharnhorst 1845 über den Dreijährigen: »Erzherzogin Sophie findet sich mit den Kindern wohl. Der kleine Erzherzog Ludwig ist unbeschreiblich niedlich und gescheit.«[27] Offenbar erhielt der Kleine von den Hofdamen seiner Mutter auch immer wieder Süßigkeiten geschenkt, so schreib Scharnhorst: »Ich habe Deinen Auftrag wegen der Bonbons an den kleinen Erzherzog Ludwig selbst übergeben, weil ich die Erzherzogin Sophie seit dem Faschings-Dienstag-Ball nicht sah.«[28]

»… NACH DEM ESSEN PRODUCIRTE SICH DER KLEINE LUDWIG IM FRACK.«

Sophie liebte es, ihren Kleinsten, den sie auch zärtlich »Bubi« nannte, wie eine Anziehpuppe zu verkleiden und in unterschiedlichsten Kostümen im Kreise der Familie und der Hofdamen auftreten zu lassen. So notierte Franz Joseph in seinem Tagebuch am 25. August 1843 über seinen gerade einmal einjährigen Bruder: »Der kleine Ludwig im Gemsjäger Costume.«[29] Und 1845 unterhielt der Dreieinhalbjährige anlässlich des Geburtstages Carl Ludwigs die Hofgesellschaft in einem maßgeschneiderten Minifrack inklusive Weste, weißer Krawatte, schwarzen Hosen und Lackschuhen. Offenbar sorgte er damit dermaßen für Furore, dass der Auftritt mehrmals wiederholt wurde, und Carl Ludwig notierte in seinem Tagebuch: »Der kleine Ludwig mußte sich vor dem Grafen Mervelt und vor dem Grafen Morzin im Frack produciren« … »… er kam mit der Mama zum Fechten im Frack …«, am 6. November »… der kleine Ludwig mußte heute wieder im Frack sich produciren und zwar vor dem Baron Reischach und vor dem Baron Gorizzutti …« und am 11. November im Kreise der Hofgesellschaft »… nach dem Essen producirte sich der kleine Ludwig im Frack.«[30]

Auffallend ist, dass Sophie laut ihrem Tagebuch und ihren Briefen im Unterschied zu den beiden älteren Söhnen keinen großen Wert auf Ludwigs Ausbildung legte, bei ihm in dieser Hinsicht weit weniger ehrgeizig war und es auch kaum Berichte über seine persönliche Entwicklung gibt. Außer einigen Hinweisen darauf, dass er nicht das begabteste ihrer Kinder war, beim Unterricht viele »Fleißzettel« benötigte und immer wieder mit Stubenarrest bestraft wurde, was bedeutete, dass er nicht mit seinen Eltern speisen durfte und sie daher tagelang nicht sah, gibt es wenige Notizen der Erzherzogin über ihren jüngsten Sohn. Man darf allerdings nicht vergessen, dass Ludwig Victors Kindheit in eine politisch entscheidende Phase fiel, in der Sophie dezent, aber umso konsequenter daran arbeitete, ihren ältesten Sohn Franz Joseph als künftigen Kaiser zu etablieren. Kaiser Ferdinand hatte zwar keine Nachkommen, aber seine Unzulänglichkeiten hatten dazu geführt, dass ein Staatsrat unter der Führung des ehrgeizigen Fürsten Metternich installiert worden war, der *de facto* die politische Macht im Staate war. Metternich und seine Minister hatten sich im Laufe der Jahre an ihre Macht gewöhnt und verteidigten daher ihren Einfluss vehement. Sophie beklagte ihrem Beichtvater Joseph Columbus gegenüber wiederholt ihre Sorge, dass Metternich versuche, diese Situation zu festigen: »Und den Herren, die am Brette sind, ist's recht lieb wenn Niemand von der Familie sich hervorthut. Alle, wie sie sind, und insbesondere Metternich, der wohl fürs Äußere recht gut ist, haben es recht gern, wenn die Sache so fortbleibe! Metternich hat nie recht gewollt, daß Jemand aus der Familie herrsche. Das Regieren ist ihnen süß!«[31] Die Schuld für die zunehmende Machtposition Metternichs gab sie aber nicht nur der unabänderlichen Tatsache, dass Kaiser Franz seinen ältesten Sohn zum Thronerben gemacht hatte, obwohl er sich dessen Unfähigkeit zu regieren bewusst war. Vielmehr beklagte sie wiederholt die Weichheit und Laschheit der Erzherzoge rund um den Kaiser, die keinerlei Ehrgeiz, Mut, Visionen oder auch nur den Willen zu eigenständigen Gedanken, geschweige denn zum Regieren besaßen. Die Kritik galt auch ihrem Mann, den sie zwar für seine Herzensgüte schätzte, doch als potentiellen Thronerben sah sie ihn ob seiner mangelnden geistigen Fähigkeiten und völligen Willenlosigkeit niemals. Vor allem die Gleichgültigkeit Erzherzog Ludwigs, eines Onkels ihres Mannes, der den Vorsitz im Staatsrat innehatte und damit eigentlich der politische Vertreter des Kaisers und der Dynastie war, machte sie immer wieder zornig.

So blieb in ihren Augen nur ihr ältester Sohn Franz Joseph, den es gegen etwaige »Mitbewerber« als einzige Option durchzusetzen galt.

Doch Franz Joseph war noch jung, in der Zeit, als sich die politische Situation zuzuspitzen begann, sechszehn, siebzehn Jahre alt und noch nicht so weit, den Thron zu übernehmen. Nicht zuletzt deshalb vertrat Sophie die Position einer treu ergebenen Unterstützerin des Kaisers, stellte seine kaiserliche Autorität nie in Frage und agierte auch nicht im Hintergrund als innerfamiliäre Konkurrenz – nicht aus Überzeugung, sondern wohl eher um ihrem Sohn noch etwas mehr Zeit zu verschaffen und den Thron damit für ihn zu retten.

Viel Zeit widmete sie auch ihrem Lieblingssohn Ferdinand Max, der ebenfalls eine intensive Ausbildung erhielt und zu dem sie wesentlich nachsichtiger und nachgiebiger war als gegenüber Franz Joseph. Da »Maxi« aber als Teenager mit seinen Eskapaden seinen Erziehern – und seiner Mutter – das Leben schwer machte, war sie in den ersten Lebensjahren ihres jüngsten Sohnes voll und ganz mit den älteren Söhnen und vor allem mit der Sicherung des Thrones für Franz Joseph beschäftigt und verbrachte zwar viel Zeit mit ihrem jüngsten, kümmerte sich jedoch auffallend wenig um seine Entwicklung. Vater Franz Carl, der sich wie bereits erwähnt um seine älteren Söhne de facto gar nicht gekümmert hatte, interessierte sich zwar auch weiterhin mehr fürs Theater als für seine Familie, doch der kleine Ludwig wurde zu seinem Liebling. Das sorgte in der Familie immer wieder für Zwistigkeiten, da er ihn so offen bevorzugte, und Sophie bat Prälat Columbus, den Erzherzog darauf hinzuweisen: »Die Erzherzogin sagte, daß der Erzherzog Vater den kleinen Ludwig gar so gern habe und daher den anderen Kindern in Bezug auf ihn immer Unrecht gebe, wohl manchmal gegen die Billigkeit. Ich soll ihm daher deßhalb zureden, denn dieß wirke beßer.«[32] Franz Carl zog sich in diesen Jahren auffallend sowohl aus dem öffentlichen als auch aus dem Familienleben zurück. Grund dafür könnten auch seine Depressionen gewesen sein, die ihn in dieser Zeit plagten, wie Joseph Columbus mehrmals in seinem Tagebuch festhielt: »Hatte lange Audienz (beinahe ¾ Stunden) beim Erzherzog Franz Carl, worin er allerhand Wichtiges sagte: 1.) über seine Melancholie, die ihn seit einiger Zeit wieder stärker befällt, selbst während Unterhaltungen.«[33]

»ZU DEN MÄNNERN«

Mit seinem sechsten Geburtstag im Mai 1848 sollte der Erzherzog traditionsgemäß »zu den Männern« kommen und ein eigenes Appartement mit einem eigenen Erzieher sowie eigenem Hofstaat anstelle seiner bisherigen Kinderfrau Marie Vecsey erhalten. Seine Mutter Sophie entschied zu Beginn des Jahres 1848, dass der Erzieher Franz Josephs, Johann Baptist Graf Coronini-Cronberg, auch ihren jüngsten Sohn übernehmen sollte. Coronini war über die Ernennung jedoch wenig erfreut: »... konnte ich nicht meinem Vorsatze gemäß ihr die Versicherung ertheilen, daß ich gewiß nicht unglücklich wäre, wenn sie diese Bestimmung von mir abnimmt und sie an jemand anderen überträgt, et caet., allein bey nächster guter Gelegenheit sage ich es ihr bestimmt ... eine Brigade in Italien wäre mir lieber als die ganze Aussicht dieser Anstellung!«[34] Coronini konnte der Erzherzogin natürlich nicht absagen – das wäre einem Affront gleichgekommen. Doch die Situation sollte sich auf Grund der historischen Ereignisse für ihn günstig entwickeln. Sein Schützling Franz Joseph, der seine Ausbildung mehr oder weniger abgeschlossen hatte, drängte in den alles entscheidenden Tagen der Bürgerlichen Revolution 1848 zum Militär, um sich endlich beweisen zu können – und setzte sich gegen den anfänglichen Widerstand seiner Mutter durch. Damit war die erzieherische Tätigkeit Coroninis mit April abgeschlossen und der Graf nutzte die Gelegenheit geschickt, um seine eigenen Interessen zu verfolgen und seine Karriere beim Militär wiederaufzunehmen, statt die unbedeutende Aufgabe zu übernehmen, der Kammer des politisch unwichtigen jüngsten Sohnes der Erzherzogin vorzustehen. So bat er die Erzherzogin, der Monarchie in dieser politisch hochsensiblen

War über die Ernennung zum Erzieher Ludwig Victors wenig erfreut: Johann Baptist Graf Coronini-Cronberg.

Zeit vorübergehend wieder beim Militär dienen zu dürfen und erst später die Leitung der Kammer sprich Erziehung des kleinen Ludwigs zu übernehmen. Sophie willigte widerwillig ein und so organisierte Coronini noch schnell einen vorübergehenden Stellvertreter für sich, zunächst in Person des Barons Königsbrunn.

Sowohl aus dem Tagebuch der Erzherzogin als auch aus jenen seines Erziehers und seines Religionslehrers – also seinem engsten Umfeld – ist klar ersichtlich, dass Ludwig zwar das verhätschelte Nesthäkchen der Erzherzogin war, sich diese aber trotzdem ebenso wie die Erzieher und eigentlich der gesamte Hofstaat in dieser Zeit in erster Linie um Franz Joseph und Ferdinand Max kümmerten und Ludwig links liegen ließen. Mag sein, dass sein späterer Geltungsdrang mit dieser Minderbeachtung, der er nun für längere Zeit ausgesetzt war, zusammenhängt. Es ist allerdings nachvollziehbar, dass in den entscheidenden Monaten der Revolution 1848, als der Fortbestand der Monarchie auf der Kippe stand und die kaiserliche Familie samt Hofstaat ums Überleben kämpfte, sich alles auf die Erhaltung des

Kaisertums konzentrierte und Sophie eher damit beschäftigt war, ihren ältesten Sohn als künftigen Kaiser zu installieren. Während Staatskanzler Metternich verkleidet nach England floh, versuchte die kaiserliche Familie vorerst ihre Stärke und Verbundenheit mit dem Volk zu demonstrieren. Immer wieder fuhr Kaiser Ferdinand mit offener Kutsche durch die Straßen Wiens, wobei er nach langem Zögern seitens Sophie nicht nur vom Nächststehenden in der Thronfolge, Erzherzog Franz Carl, begleitet wurde, sondern auch schon von seinem Neffen Franz Joseph. Damit sollten die nächste Generation und die Fortdauer der Dynastie zur Schau gestellt werden und dies war daher von enormer Bedeutung. Dennoch harrte Sophie voller Angst in der Hofburg ihrer unversehrten Rückkehr. Nach der Niederschlagung der ersten Unruhen blieben öffentlichkeitswirksame Maßnahmen fixes Programm und so hatte Ludwig im Revolutionsjahr 1848 auch seinen ersten öffentlichen Auftritt, als sich die kaiserliche Familie wiederholt pompös inszenierte: »Der 25. April war ein unvergeßlicher Tag, reich an Enthusiasmus und schönen, großartigen Eindrücken. Wir fuhren im Gefolge der Erzherzogin Sophie an den Fronten des paradierenden Militärs und den 15.000 Nationalgarden vorüber, die laute Vivats der teuren hochherzigen Frau zuriefen, während alle Musikbanden einstimmig die Nationalhymne spielten. Es war ein schöner Augenblick. Sie hatte den lieben kleinen Erzherzog Ludwig bei sich im Wagen, während ihr Gemahl und ihre drei Söhne zu Pferde paradierten. Nach der Truppenschau begab sie sich auf den Balkon im Burghof, wo der Kaiser und die ganze kaiserliche Familie dem Defilieren des Militärs und der Garden zusahen. Unaufhörliche Lebehochs und Vivats erfüllten die Luft ...«[35]

Doch die Stimmung kippte und die Revolution war nicht mehr aufzuhalten. Genau an Ludwigs sechstem Geburtstag am 15. Mai 1848 spielten sich dramatische Szenen ab und der Familie wurde langsam klar, dass sie sich in ernster Gefahr befand. Ein Brief Sophie Scharnhorsts schildert die Geschehnisse aus der Sicht des kaiserlichen Hofes: »Die Nationalgarde hielt die Stadt und die Tore besetzt, während die Deputation der Studenten ihren Empörungsstreich in der Burg ausübte und bewaffnet mit scharf geladenen Gewehren ihrer Sturm-Petition Bewilligung verschaffte. Das Militär lagerte auf dem Glacis, um die in das Komplott gezogenen bezahlten Volksmassen abzuhalten, die zu 20 000 bis 30 000 Mann die Stadt stürmen und eine kommunistische Bewegung machen sollten. Obgleich die Nationalgarde die Tore besetzte, ließ sie doch eine Menge Arbeiter herein. Das sah ich aus meinen Fenstern, die dem Franzenstor gegenüber sind. Diese sollten mit Schaufeln, Hacken und ähnlichen Werkzeugen die Burg stürmen und zuerst das Monument Kaiser Franzens niederreißen …«[36] Daher ging der sechste Geburtstag, der normalerweise ein bedeutender Tag im Leben eines Erzherzogs war, da er an diesem Tag offiziell von der Kindskammer und seinen Kinderfrauen in ein eigenes Appartement mit nunmehr männlichen Erziehern wechselte und mit dem Unterricht begann, in diesem Tumult verständlicherweise völlig unter. Der bescheidene Versuch einer kaiserlichen Machtdemonstration war indessen misslungen und die Familie flüchtete am 17. Mai kurzentschlossen ins kaisertreue Innsbruck, wo sie begeistert empfangen wurde. Dem Kaiser hatte man den Ernst der Lage gar nicht erst erklärt, sondern nur von einer Spazierfahrt gesprochen. Aber auch für den Rest der Hofgesellschaft war der Aufbruch überraschend, wahrscheinlich ganz bewusst reisten alle mehr oder weniger ohne Gepäck, um kein Aufsehen und keinen Verdacht zu erregen. Da die Abreise improvisiert war und unverdächtig erscheinen sollte, hatte die Familie eine kleine Kutsche genommen, was selbst in der kaiserlichen Familie für ganz »normale« Streitigkeiten unter den Kindern sorgte. Sophie schilderte die Reise ihrer Freundin Amalie: »… die Fahrt zu fünft in einer zieml. engen Calesche war nicht beneidenswerth – die Kinder zankten u. balgten sich um mehr Platz – Maxi's ungeheuer lange Beine waren ihm u. uns beständig im Wege, u. seinen armen Vater traten er oder Bubi beständig auf die Füße; in der glänzendhellen Mondnacht kam ich nicht viel zum Schlafen – da Bubi stets drohte, von meinem Schoß herunterzufallen …«[37]

In Innsbruck, wo die Revolution weit entfernt schien, legte die kaiserliche Familie demonstrativ Wert auf »business as usal«. Sophie pflegte regen Kontakt mit den Einheimischen, nahm an Empfängen und öffentlichen Auftritten teil und griff auf ihr altbewährtes System zurück, mit dem sie schon die Herzen der Wiener gewonnen hatte. Überall kam der herzige kleine Ludwig mit, winkte artig und sorgte für gute Laune. Sophie arrangierte auch öffentliche Auftritte, bei denen wie immer ihr Bubi eine wichtige Rolle spielte. Zum Namenstag des Kaisers präsentierte sie ihn in Tracht, was begeistert aufgenommen wurde: »Bubi hat ein Tyroler Costüm der Wildner Bauern in der Nähe von Innsbruck – die rothe Jacken u. spitzige grüne Hüte tragen; es steht seinem rosigen Gesichtchen allerliebst, u. er machte viel Effect damit am 30ten wo er auf dem Balcon, von dem wir die Landschützen vorüberziehen sahen, mit viel Jubel u. Vivats von der untenstehenden Menge empfangen wurden!«[38] Was in Innsbruck für Begeisterung sorgte, kam in Wien gar nicht gut an, die Zeitungen berichteten am 28. Juni von einem »lächerlichen Scherz« und »die Einkleidung des sechsjährigen Kaiserneffen Erzherzog Ludwig Victor zum Wiltener Schützen rief nur noch lautes Hohngelächter hervor«[39]. Doch die Öffentlichkeit täuschte sich gewaltig. Sophie war zwar nach außen um gute Laune und positive Stimmung bemüht – zu der diese kleinen Maskeraden ja auch durchaus beitrugen –, hinter den Kulissen arbeitete sie jedoch fokussiert an ihrem Ziel. Geschickt etablierte sie sich als Hauptansprechpartnerin und entscheidende politische Kraft. Delegierte, Gesandte, Politiker, Diplomaten – wer auch immer mit dem Kaiser sprechen wollte, musste zuerst zu ihr in Audienz kommen, in der sie ganz klar und unmissverständlich die Richtung vorgab und die Fäden zog.

Sophie hatte indessen nach langem Drängen schließlich nachgegeben und zugestimmt, dass Franz Joseph an die italienische Front reisen sollte, um sich als Soldat zu beweisen. Franz Joseph hatte unter seiner Untätigkeit gelitten und war voll jugendlicher Begeisterung. Selig schrieb er vom Kriegsschauplatz nahe Verona an seine Mutter:

»Die Feinde haben viel gelitten, in einem sehr starken Gefecht, ich möchte sagen, einer Schlacht, ganz nahe von Verona und haben sich zurückgezogen. Ich habe zum ersten Male die Kanonenkugeln um mich pfeifen gehört und bin ganz glücklich.«[40]

Schweren Herzens hatte sie Franz Joseph ziehen lassen und hatte verständlicherweise nicht nur Sorge um ihren Sohn, sondern um die weitere Existenz der Monarchie. Gleichzeitig verstand sie den jugendlichen Tatendrang ihres Sohnes und war sich natürlich auch bewusst, dass sein Kriegseinsatz sogar notwendig war, um ihn als mutigen Führer in schweren Zeiten »verkaufen« zu können. Dennoch war diese politische Entscheidung für sie als Mutter sicherlich eine sehr schwere und sorgte für schlaflose Nächte – auch vor lauter Ärger über die Tatenlosigkeit des offiziellen Vertreters des Kaisers Erzherzog Ludwig. So notierte Coronini in seinem Tagebuch: »Heute erzählt mir Erzherzog Ferdinand bey Gelegenheit, daß ich von Catinelli Erwähnung machte, der über die italienischen Verhältniße so bekümmert und aufgeregt ist, daß er den Schlaf verloren zu haben versichert, daß auch seine Mama die Frau Erzherzogin nicht mehr schlafen kann, sie ist so unruhig, und ärgert sich über den Erzherzog Ludwig, der so gleichgültig seyn soll, und nichts von seinem oder eigentlich gegen seinen Bruder Reiner hören will. Sie hätte versucht mit ihm darüber zu sprechen, allein umsonst, und da bleibt er aus.«[41]

In dieser schweren Zeit freundete sich die Erzherzogin, die sonst größten Wert auf die Einhaltung der gesellschaftlichen Hierarchie legte, interessanterweise mit einer Frau an, die in Wien kaum ihren Ansprüchen gerecht geworden wäre. Nämlich mit der Wirtstochter und späteren Dichterin Walpurga Schindl (1826–1872). Die beiden lernten sich im Gasthaus Bogner in Absam kennen, in dem die junge »Burgl« die Gäste betreute und unterhielt. Sophie kehrte immer wieder im Gasthaus ein, fühlte sich hier wohl und aus den harmlosen Plaudereien der beiden entwickelte sich eine echte Freundschaft, die auch lange, nachdem Sophie nach Wien zurückgekehrt war, anhielt. Die ungleichen Frauen schrieben sich über viele Jahre unzählige

Briefe und diese zeigen Sophie von ihrer weniger bekannten, nämlich äußerst einfühlsamen Seite. Immer wieder erinnerte sie sich wehmütig an die glückliche Zeit in Innsbruck. Doch offenbar vermisste nicht nur sie Tirol, sondern auch Ludwig: »Immer gleich fest bleibt mein inniger Wunsch, bald wieder in Euer Land zu kommen; mein kleiner Wildauer (!) Schützenhauptmann spricht oft mit Sehnsucht von Tirol und sagte mir neulich: ‚Ich lebe noch ganz in Innsbruck!'«[42] Da Ludwig in seinem Schützenkostüm in Tirol dermaßen Furore gemacht hatte, wiederholte Sophie die Auftritte ihres kleinen Bubi auch in Wien: »Mein kleiner Ludwig kam in seinem Wiltener Anzug nach der Tafel zum Kaiser, um bei ihm die lieben Tiroler Bekannten zu sehen.«[43] Bei diesem Besuch in der Wiener Hofburg erhielt Ludwig, der Walpurga Schindl offenbar besonders ans Herz gewachsen war, ein ganz besonderes Geschenk: »Mein kleiner Ludwig ist Euch sehr dankbar, daß Ihr so freundlich seiner gedacht und das Eichkätzchen für ihn zähmtet, da er überhaupt Tiere sehr liebt.«[44]

Während in Wien gespannte Ruhe herrschte, die Nationalgarde Schönbrunn bewachte, Kavallerie und Infanterie die Alleen um Hietzing und Meidling besetzten, kehrte in der Familie vorerst wieder Alltag ein. Damit wurde nun auch wieder die Frage der weiteren Erziehung Ludwigs aktuell. Während Coronini in Bergamo und Brescia stationiert war, ließ ihm Sophie ungehalten ausrichten, er möge so bald wie möglich zurückkehren und nun endlich die Erziehung des kleinen Ludwig übernehmen. Wieder fand der Graf eine Ausrede, um seinen Dienstantritt hinauszuzögern. Da sein ursprünglicher Vertreter Baron Königsbrunn nach wie vor in italienischer Kriegsgefangenschaft war, schlug Coronini Major Karl Sonklar von Innstädten vor, der nun zum Erzieher ernannt wurde. Dass sich Coronini in all dieser Zeit offenbar nur als Erzieher Franz Josephs fühlte, zeigt sein Tagebuch, in dem sich ausschließlich Einträge über »seinen Erzherzog« – wie er Franz Joseph nannte – und keinerlei Erwähnung des kleinen Ludwig finden.

»... WIE DER FRANZI KAISER GEWORDEN IST ...«
DIE THRONBESTEIGUNG FRANZ JOSEPHS

Doch der trügerische Friede währte nur kurz und bereits im Oktober sah sich die kaiserliche Familie abermals gezwungen, aus Wien zu fliehen – diesmal allerdings nach Olmütz. Die alte Bischofsstadt gewährte kein so gemütliches Leben wie Innsbruck, noch dazu hatte die Familie in der eher beengten erzbischöflichen Residenz Quartier bezogen. Doch Sophie hatte andere Sorgen. Diesmal musste rasch und entschlossen gehandelt werden, sollte die Monarchie noch einmal eine Chance bekommen. Dem Kaiser war die neuerliche Aufregung zu viel und seine Nerven waren derart strapaziert, dass er nicht mehr in die Öffentlichkeit gelassen wurde, um den Gegnern der Monarchie keine zusätzliche Munition zu liefern. Entscheidend war die erfolgreiche »Befreiung« Wiens, die zumindest die Option der Fortführung der Monarchie sicherte. Doch eins war nun klar – Kaiser Ferdinand war als Monarch nicht mehr haltbar, Sophies große Stunde war endlich gekommen.

Am 2. Dezember 1848 dankte Kaiser Ferdinand ab, der offizielle Thronfolger Erzherzog Franz Carl verzichtete ebenfalls auf den Thron, womit der 18-jährige Franz Joseph Kaiser von Österreich wurde.

Ludwig hatte von alldem nichts mitbekommen und wollte anfänglich gar nicht glauben, dass sein großer Bruder nun Kaiser war. Scharnhorst, die Zeugin dieser Szene wurde, schilderte diese »Herzigkeit« folgendermaßen: »Als seine Mama ihm sagte, sein Bruder sei Kaiser geworden, wollte er es durchaus nicht glauben. Und als sie ihm befahl, ihn in der Folge Majestät zu nennen, wurde er dunkelrot und sagte ‚dummes Zeug'. Seitdem er aber gesehen hat, daß der Onkel

Kaiser abgereist und der Bruder Franz wirklich Kaiser ist, hat er verlangt, demselben in seiner Tiroler Jägeruniform aufzuwarten. Seine beiden Herren, Hauptmann Königsbrunn und Leutnant Sonklar mußten ihn begleiten in großer Uniform. Er stellte sie dem Kaiser mit der gehörigen Konvenienz vor. Gestern im Theater saß er zwischen dem Kaiser und seiner Mama und schien sich prächtig zu unterhalten. Leutnant Sonklar hat eine sehr schöne Ode auf die Thronbesteigung des Kaisers gemacht, auf die der Kleine sich sehr viel einbildet. Er zeigt sie allen mit den Worten: ‚Das hat mein Sonklar gemacht.'«[45] Seiner Mutter war Ludwig allerdings böse, dass er nicht hatte dabei sein dürfen, und beklagte sich bitter, »ich hätte so gerne gesehen, wie der Franzi Kaiser geworden ist!«.[46]

Das Weihnachtsfest des Jahres 1848 war nach den heiklen und dramatischen Monaten das erste Mal seit langer Zeit dass, die gesamte Familie wieder glücklich und sorgenfrei zusammenkommen konnte: »... feierten wir den Weihnachtsabend bei der geliebten Erzherzogin Sophie. Sie beschenkte den Hof und ihre Kinder reichlich wie immer. Viele Lichter brannten in dem großen schönen Speisesaal. Der buntbehangene Baum nahm die Mitte des Saales ein, rechts und links standen Tafeln, auf denen eine Masse der schönsten Geschenke ausgelegt waren. Drei Luster und zwölf Kandelaber beleuchteten die Freude der Jugend, die nach so vielen bangen, trüben Stunden fröhlich jauchzte.«[47]

Sophie war es wichtig, nach der Thronbesteigung Franz Josephs auch äußerliche Zeichen der Veränderung und Erneuerung zu setzen. Um dem jungen Kaiser möglichst schnell zu hoher Popularität zu verhelfen, gab es in vielen Bereichen eine Lockerung der spanischen Etikette, um einer Steifheit des höfischen Auftretens entgegenzuwirken. So gab es eine neue Tafelordnung, wonach der Kaiser und die Erzherzogin täglich viele Gäste aus verschiedenen Bereichen einluden. Nach dem Essen nahm sich Franz Joseph immer Zeit, um mit all seinen Gästen zu sprechen, war charmant, eloquent und eroberte mit seiner frischen und liebenswürdigen Art schnell die Herzen seiner Gäste, die dies natürlich nach außen trugen. Da Sophie an dieser Charmeoffensive teilnahm, hatte dies natürlich auch Auswirkungen auf den kleinen Ludwig, der seine Mutter nun nicht mehr so oft sehen konnte. Um dies auszugleichen, gestattete Sophie ausnahmsweise der früheren Aja Marie Vecsey, ihr »Bubi« wieder öfter zu sehen, was sie sonst streng untersagte, um die Söhne möglichst rasch an ihre neue männliche Umgebung zu gewöhnen, was ihnen natürlich sehr schwer fiel. Ludwig kompensierte die fehlende Aufmerksamkeit seiner Mutter offenbar mit gesundheitlichen Problemen. Ständig war er krank oder verletzt und die Berichte über seinen Gesundheitszustand prägten auch Sophies Korrespondenz mit ihrer Freundin Burgl Schindl: »Nun ist er wieder – Gottlob – ganz hergestellt und ich kann Gott nicht genug danken, daß er mir das geliebte Kind in diesem so befriedigenden Gesundheitszustande wieder gegeben hat. Er ist rührend glücklich wieder mitten unter uns zu sein, denn sein liebendes Gemüt entbehrte uns alle schwer, zumal mich, da er mit der rührendsten Liebe an mir hängt.«[48] Sophie hatte ihm gegenüber ein schlechtes Gewissen und versuchte dies mit besonderer Nachsichtigkeit auszugleichen. Wie weit das ging, zeigt das Weihnachtsfest des Jahres 1852, das um ein paar Tage verschoben wurde, da der kleine Erzherzog mit Husten und Schnupfen im Bett lag.

FAMILIENLEBEN

»ER TANZT MIT PASSION«

Während das Jahr 1849 ruhig verlief, da Franz Joseph ganz bewusst keine Bälle und Tanzabende veranstaltete, um sich nicht dem Vorwurf der »Prunksucht« auszusetzen, begann man im Jahr 1850 das alte glanzvolle Hofleben wiederaufzunehmen. Da Ludwig mittlerweile bereits acht Jahre alt war, durfte er nun erstmals an den Festlichkeiten teilnehmen. Dabei zeigte sich, dass der kleine Erzherzog alle mit seinem Charme und vor allem seiner Freude am Tanzen begeisterte: »Samstag hat der kleine Erzherzog Ludwig Victor seinen zweiten Ball. Er tanzt mit Passion und ganz allerliebst. Ich vermisse Sopherl unendlich dabei: Wie niedlich würde sie mit dem Ludwig aussehen.«[49] Die erwähnte »Sopherl« war eine Nichte der Baronin Scharnhorst, die etwa gleich alt war wie Ludwig. Dieser hatte sie bei einem Familientreffen kennengelernt und offenbar ins Herz geschlossen, da ihm Baronin Scharnhorst immer wieder von ihr erzählen musste und er ihr auch – ganz Kavalier – kleine Geschenke schicken ließ, womit er bei den Damen im Umfeld seiner Mutter natürlich für Entzücken und Begeisterung sorgte. Die Tanzleidenschaft, die sich bei Ludwig also bereits in frühester Kindheit zeigte, sollte ein Leben lang eines seiner Markenzeichen bleiben und wurde in diesen Jahren auch von Sophie gefördert, die abgesehen von den offiziellen Hofbällen Kaiser Franz Josephs pro Saison mindestens sieben Bälle veranstaltete, dazu kamen noch etliche Kinderbälle. Für Vergnügen war also gesorgt, dabei passierten manchmal auch kleine Malheurs, die zur Unterhaltung beitrugen: »Gestern war Kinderball bei der Erzherzogin Sophie, wo ebensoviel Große als Kinder tanzten. Der vorletzte Kinderball war durch eine sehr komische Episode verherrlicht, recht etwas für Dich,

Erzherzog Ludwig Victor. Lithographie von Franz Eybl nach einem Gemälde von Anton Einsle.

meine Eva. Es entstand auf einmal in der Mazurka, wo der kleine siebenjährige blondlockige Lobkowitz tanzte, Sohn von Leopoldine Lobkowitz, geb. Liechtenstein, ein großer, spiegelheller See, auf dem Wilhelmines Puppen hätten eine brillante Wasserfahrt machen können. Der Kleine war gar nicht überrascht, desto mehr die Mittänzer und Zuschauer. Die Mutter des kleinen Verbrechers stürzte sich kokelrot auf ihr Kind und führte es zur großen Belustigung des schaulustigen Publikums quer durch die Mazurka hinaus ins Toilettezimmer. Eine Manipulation mit Servietten setzte den Kleinen in Stand, sich wieder zu zeigen und mit den anderen Kindern zu soupieren, eine Naivität, die die Mutter durch allgemeine Heiterkeit büßen mußte. Denn die Herren sagten ihr manches ins Ohr, was sie ein Mal über das andere erröten ließ. Gestern war der kleine Neptun wieder dort, ließ aber seine Wasser nicht springen. Ich bitte Dich verbrenne gleich dieses Blatt! Obgleich besagter See ausgetrocknet und geputzt ward, blieb doch ein feuchter Fleck, auf dem im Kotillon eine der schönsten und besten Tänzerinnen, Paula Bellegarde, mit ihrem Tänzer ein Parterre machte. Beide waren durch das Vorhergegangene vollkommen entschuldigt, besonders, weil sie mit Anstand fielen und mit Grazie aufstanden.«[50]

Interessant ist, dass Sophie, die ihre Kinder eigentlich ehrlich und durchaus auch kritisch charakterisierte, bei ihrem Jüngsten offenbar entweder keine Ansprüche an seine charakterliche Entwicklung stellte oder ihr Nesthäkchen tatsächlich nicht so neutral beurteilen konnte wie seine Brüder. Über Ludwigs Brüder fand sie immer wieder kritische Worte. So schrieb sie über Ferdinand Max an ihre Mutter: »Maxi ist sehr faul und schwätzt zu viel, weil seine lebhafte Phantasie ihn wider seinen Willen mit sich reißt. Er wird häufig ausgezankt, aber es ist, als spräche man zu einer Kuh.«[51] Auch Carl Ludwig machte Sophie große Sorgen: »Er macht den Eindruck eines dicken, kleinen Bauernbuben und wenn der Hofpfarrer nach Aufbietung seiner ganzen Geduld glaubt, ihm etwas begreiflich gemacht zu haben, da sagt er ein einziges Wort, aus dem erhellt, daß er aber schon gar nichts verstanden hat.«[52] Über Ludwig findet sich in der gesamten Korrespondenz der Erzherzogin keine einzige kritische Bemerkung.

Da Ludwig von frühester Kindheit an die meiste Zeit mit Erwachsenen verbracht hatte, die ihn stets hofiert hatten, war er weit weniger verspielt als seine Brüder und wurde schon als Kind von seinen Lehrern als selbstsicher und altklug beschrieben. Positiv hervorgehoben wurde, dass Ludwig nicht so vorlaut und faul wie sein Bruder Maxi war. An Franz Joseph, der sich von Kindesbeinen an als artiger Musterschüler hervortat, kam ohnehin keiner seiner Brüder heran. Fakt ist, dass Ludwig im Vergleich zu Ferdinand Max weniger oft bestraft wurde, gleichzeitig aber auch nicht die Schwerfälligkeit und Unauffälligkeit Carl Ludwigs hatte. Sein größtes Plus war, dass er gute Laune verbreitete und sich sogar die sonst stets so kontrollierte und souveräne Erzherzogin dazu hinreißen ließ, einfach nur so zum Vergnügen zu tanzen. So berichtete sie ihrem Sohn Max: »vor dem Frühstück tanzten Bubi u. ich einen Gstrampften nach einem deliciösen steyrischen Ländler. In einem Musikkästchen, davon ich zwei auf den Frühstückstisch stellte, welche ich ... hatte kommen lassen ... Daß ich diesen mit Bubi tanzte, hat das Sprichwort bewährt: ‚wenn die Katze ferne ist, so tanzen die Mäuse auf dem Tische' – denn der gute Papa hätte uns gewiß nicht à cette heure den Gstrampften mimisch darzustellen erlaubt.«[53]

Doch bei aller Ausgelassenheit holte ihn immer wieder die »Realität« ein. Religionslehrer war nach wie vor Prälat Joseph Columbus, als Geschichtelehrer wurde Hofrat von Phillips engagiert, der den Unterricht außergewöhnlich unterhaltsam gestaltete und daher bei Ludwig besonders beliebt war und ihm bis ins Erwachsenenalter als Ratgeber zur Seite stand. Als Mathematik- und Tschechischlehrer fungierte Johann Wittek, der schon Lehrer bei Franz Joseph gewesen war und der in den Briefen der Kinder immer wieder Erwähnung fand. Daneben hatte Ludwig noch Unterricht in Ungarisch, Italienisch, Englisch, Französisch und Latein.

Mit 15 Jahren erhielt Ludwig einen neuen Erzieher – Fürst Jablonovsky, der jedoch kurz darauf verstarb und durch Graf

Waldburg-Zeil ersetzt wurde, der diese Funktion bis 1863 innehatte. Zwar kamen nun auch juristische, nationalökonomische und staatswissenschaftliche Vorträge zum Lehrplan hinzu, dennoch lässt sich am Lehrplan unschwer erkennen, dass der Erzherzog zwar eine aristokratische Ausbildung erhielt, seine Zukunft jedoch von Sophie eindeutig weder beim Militär noch in Staatsgeschäften, sondern eher auf dem höfischen Parkett gesehen wurde. Auffallend ist auch, dass seine Lehrer ihrer Aufgabe nachkamen, allerdings auf wenig Interesse seitens des Erzherzogs stießen. So sind keinerlei Aufzeichnungen bekannt – weder Briefe innerhalb der Familie noch seiner Erzieher –, die darüber berichten, dass sich Ludwig für ein Fach oder Wissensgebiet besonders interessiert hätte. Doch beim vierten Sohn machte sich niemand darüber Gedanken oder gar Sorgen. Ludwig hatte bereits seinen Platz in der Familie: Er war ihr liebster Unterhalter. Seit frühester Jugend war jeder gern mit ihm zusammen, alle freuten sich, wenn er kam, und waren betrübt, wenn er ging, was für ein Kind eigentlich eine außergewöhnliche Position war. So schrieb sein Bruder Max, als ihn der zehnjährige Ludwig in Triest besuchte: »Wie unendlich freue ich mich ... Bubi wiederzusehen«, und nach dessen Abreise: »Gestern hatte ich wieder einen traurigen Tag, einen Tag des Abschiedes; denn Ludwig verließ nach 8 für mich glücklichen Tagen mein Haus und kehrte nach Görz zurück. Und nun bin ich wieder ganz, ganz allein. Es ist Königsbrunn's nicht zu ändernder Wille, daß Ludwig schon so bald abreiste, der Grund, den er angab, waren die Studien, was ich beiläufig gesagt nicht sehr weise finde; denn die Hauptsache ist jetzt seine Gesundheit, und in Triest, wo er ... manchen Spaß hatte, schien er sich dem Aussehen nach sehr wohl zu befinden, und sein Gemüth, was, wie mir scheint bei ihm auch eine Hauptsache ist, war sehr heiter. Er machte viele Scherze, neckte mich mitunter und schien ganz content.«[54]

»BLENDEND SCHÖN«
KAISERIN ELISABETH

Als Ludwig 11 Jahre alt war, fand in der kaiserlichen Sommerresidenz in Ischl ein historisches Ereignis statt, das nicht nur die kaiserliche Familie und die Geschichte der österreichischen Monarchie prägte, sondern auch das Leben des kleinen Erzherzogs verändern sollte: die Verlobung seines Bruders mit seiner Cousine Elisabeth. Ludwig war zwar noch ein Kind, aber schon damals sehr von seiner Cousine angetan und Elisabeth fand im kleinen Ludwig einen kindlichen Freund, der sich in den folgenden Jahren zu einem ihrer besten Freunde und sogar Vertrauten entwickelte.

Die beiden verstanden sich bestens und hatten über viele Jahre sogar ein besonders inniges Verhältnis zueinander. Ludwig verehrte seine schöne Schwägerin und betonte in seinen Briefen immer wieder, sie wäre wieder »blendend schön« oder »schöner denn je« gewesen.[55] Auch ihre öffentlichen Auftritte verfolgte er und berichtete stolz: »Die Leute hier sind so paff über unsere Souverainin!!! Haben recht.«[56] Ludwig verbrachte auch viel Zeit mit den Kindern des Kaiserpaares, die ihren Onkel heiß liebten. So schrieb er 1860 an seine Mutter: »Hierauf speisten wir, und hernach kamen die lieben, lieben Kinder, die eine so maßlose Freude über mich hatten, daß ich vor Rührung hätte weinen mögen. Sie rauften um das Glück, mich umschlungen zu halten, und schrien in einem fort Onkel Ludwig, Onkel Ludwig.«[57] Auffallend ist, dass ihm Elisabeth ganz im Unterschied zur restlichen Familie aus Madeira zahlreiche Briefe schrieb, in denen sie ihm nicht nur genauestens die Insel und ihren Alltag, sondern auch ihren Gemütszustand schilderte. Gerade zu Weihnachten 1861, dem

Erzherzog Ludwig Victor mit den Schwestern Kaiserin Elisabeths, Mathilde Trani und Marie von Neapel-Sizilien.

Tag, an dem ja gleichzeitig ihr Geburtstag war, und zum Jahreswechsel war Elisabeth in gedrückter Stimmung und schrieb an Ludwig: »Möchte es für uns alle ein besseres sein wie das letzte. Ich bin jetzt oft recht agitiert.«[58] Sie schickte ihm auch immer wieder kleine Geschenke und hielt ihn ständig am Laufenden: »Lieber Ludwig, nicht wahr, ich habe Dir in meinem letzten Brief ein getrocknetes Seepferd geschickt? Ich bitte Dich, sei so gut und lasse es mir … recht genau und hübsch in Gold ganz in derselben Größe nachahmen … Ich habe mir schon vor ziemlich langer Zeit einen großen Hund von England bestellt … Du siehst, daß ich meine Menagerie vergrößere, die vielen kleinen Vögel, fürchte ich, werden den Transport gar nicht überstehen …«[59] Als Elisabeth – wahrscheinlich von Franz Joseph – gerügt wurde, dass sie sich bei seiner Mutter nicht für die kleine Figur des heiligen Georg, die sie ihr geschickt hatte, bedankt habe, überließ sie es auch Ludwig, sie bei ihrer Schwiegermutter dafür zu entschuldigen: »Ich küsse ihr die Hände dafür und schreib ihr nur nicht, da ich denke, meine Briefe müssen sie langweilen, nachdem ich Dir doch so oft schreibe und sich von hier so wenig erzählen läßt.«[60]

Als Elisabeth nach einigen Monaten im Frühjahr 1861 Madeira verließ, jedoch nicht nach Wien zurückkehrte, sondern eine ausgedehnte Seereise nach Korfu anschloss, um ihre liebgewonnene Freiheit und Selbständigkeit noch länger zu genießen, war es wieder Ludwig Victor, dem sie als Erstem schrieb: »Mein Leben ist hier noch stiller wie in Madeira. Am liebsten sitze ich am Strand, auf den großen Steinen, die Hunde legen sich ins Wasser und ich schaue mir den schönen Mondschein im Meer an.«[61] Diese Briefe offenbaren, dass Elisabeth im feinfühligen Ludwig offenbar einen Seelenverwandten gefunden hatte, der im Gegensatz zum nüchternen Franz Joseph ihre gefühlsbetonte Art und Empfindsamkeit für Stimmungen verstand und nachvollziehen konnte. Die beiden teilten auch ihre Vorliebe für Ästhetik, das Schöne und schöne Menschen. So weihte Elisabeth ihren Schwager auch als Ersten über ihre Absicht ein, ein »Schönheitenalbum« anzulegen und dafür Fotografien schöner Frauen zu sammeln: »Ich lege mir nämlich ein Schönheiten-Album an und sammle nun Photographien, nur weibliche, dazu. Was Du für hübsche Gesichter auftreiben kannst beim Angerer und anderen Photographen, bitt ich Dich nur zu schicken …«[62] Ludwig war in dieser Zeit also ein inniger Vertrauter und Verbündeter der Kaiserin. Dies belegen auch zahlreiche Fotografien im Nachlass des Erzherzogs. Elisabeth ließ sich zwar nie mit ihrem Mann oder ihren Kindern fotografieren, mit ihrer bayerischen Familie jedoch immer wieder. Auffallend ist, dass Ludwig als einziger Habsburger bei diesen Familienaufnahmen dabei ist. Dies spricht dafür, dass Elisabeth ein sehr gutes und enges Verhältnis zu Ludwig hatte und ihn zumindest bis in die 1870er-Jahre offenbar als Teil ihrer Familie empfand.

ARTIG UND WOHLERZOGEN

Die nächsten Jahre verliefen für Ludwig relativ ereignislos. Er verbrachte nach wie vor die meiste Zeit im Kreise seiner Mutter und ihrer Hofdamen, was für einen Teenager sicherlich nicht besonders spannend war. Aus den Memoiren der Gräfin Festetics, einer Hofdame seiner Mutter, geht hervor, dass Ludwig ein angepasster, artiger und wohlerzogener junger Mann war, der die Tage damit verbrachte, bei Dejeuners, Tees und Diners zwischen älteren Damen zu sitzen und Konversation zu betreiben. Darüber hinaus war er offenbar ein ausnehmend aufmerksamer junger Mann und Festetics berichtete, dass er den Damen seiner Mutter immer wieder kleine Geschenke machte. So bekam sie etwa anlässlich einer gemeinsamen Reise nach Böhmen eine Porzellanbrosche mit der Abbildung des Schlosses, in dem sie sich aufhielten, geschenkt. Traurige Aufregung brachten nur die bangen Tage rund um seinen 15. Geburtstag, die er mit seinen Eltern in der königlichen Residenz seiner Tante Königin Marie von Sachsen in Niedersedlitz verbrachte. Franz Joseph und Elisabeth waren mit beiden Töchtern nach Budapest gereist, wo die zwei Mädchen erkrankten. Während sich die kleine Gisela rasch erholte, verstarb Sophie, die erstgeborene Tochter des Kaiserpaares, mit gerade einmal zwei Jahren – wie Festetics berichtet an der Ruhr. Die Hofdame erhielt das Telegramm des Kaisers mit den Worten: »Bringen Sie mit Schonung meinen Eltern folgende Nachricht bei: Unsere Kleine ist ein Engel des Himmels! Wir sind vernichtet! Sissi ist voller Ergebung in den Willen Gottes.«[63] Die Familie reiste sofort nach Wien ab, wo sie mit dem verzweifelten Kaiserpaar zusammentraf. Wieder war ein wichtiger Tag im Leben des Erzherzogs von einer Katastrophe überschattet. Sein sechster Geburtstag war in den Wirren der Revolution 1848 untergegangen und sein 15. in der privaten Tragödie des Todes seiner Nichte Sophie.

Dennoch kehrte bald wieder Alltag ein und Ludwig musste oder durfte vielmehr erste kleine offizielle Aufgaben übernehmen. Da er jetzt 15 Jahre alt war, durfte er nun Frack tragen, worauf er unendlich stolz war, und er genoss seine ersten kleinen offiziellen Auftritte. Sein allererster war die Vertretung seiner Mutter Erzherzogin Sophie bei der Taufe der Tochter der Fürstin Metternich. Sophie hatte sich als Taufpatin angetragen, wollte aber in den Trauertagen um ihre Enkelin nicht persönlich erscheinen. Feierlich und sichtlich stolz übernahm Ludwig diese Rolle und übergab auch das kostbare Taufgeschenk für Pauline in Form eines goldenen Armbandes, besetzt mit Smaragden und Diamanten.

»WIR NAHMEN EINEN HERZZERREISSENDEN ABSCHIED« KAISER MAX VON MEXIKO

Da Ludwig keinerlei politischen Ehrgeiz hatte und nicht den Drang verspürte, eine wichtige Rolle zu spielen, hatte er niemals Schwierigkeiten damit, sich seinem kaiserlichen Bruder bedingungs- und vor allem anspruchslos unterzuordnen. Ganz im Unterschied zu seinem ehrgeizigen Bruder Ferdinand Max, dem es große Mühe bereitete, als Zweitgeborener nur eine untergeordnete Rolle zu spielen. Ein unbedeutendes Leben, in dem noch dazu sein Bruder alles entschied, war ihm auf Dauer unerträglich. Wie unverständlich es ihm war, dass seine Brüder Carl Ludwig und Ludwig Victor keinerlei Probleme mit ihrem sorg- und ehrgeizlosen Leben hatten, zeigt ein Brief an seinen Kabinettchef Baron Du Pont aus dem Jahre 1865: »Es gibt Leute, welche das Leben, welches meine jüngeren Brüder führen, philosophisch finden; mir wäre eine solche Existenz der Tod bei lebendigem Leibe. Es gibt nichts Erbärmlicheres als ein apanagierter Prinz, der eine sorglose Existenz führt.«[64] Max hatte immer als der begabteste der Brüder gegolten, das wusste er, und nun saß er mehr oder weniger tatenlos auf Schloss Miramare bei Triest fest und hatte keine Aussicht, in den Diensten seines kaiserlichen Bruders jemals eine bedeutende Rolle zu spielen. Seine Frustration wurde von seiner Frau noch zusätzlich verstärkt, denn Charlotte von Belgien war nicht minder ehrgeizig. Als Tochter König Leopolds I. von Belgien war sie mit ihrer Stellung als Frau eines Erzherzogs unzufrieden. Daher waren beide vom Angebot Frankreichs begeistert, die mexikanische Kaiserkrone anzunehmen.

Sophie war entsetzt und versuchte mit allen Mitteln, ihren Sohn davon zu überzeugen, dieses gefährliche und de facto aussichtslose

Erzherzog Ludwig Victor mit seinen Brüdern Kaiser Franz Joseph, Erzherzog Ferdinand Max und Carl Ludwig. Fotografie von Ludwig Angerer um 1862.

Angebot nicht anzunehmen. Verzweifelt schrieb Sophie an ihre Hofdame Elisabeth Schönfeld: »...die unglückliche Frage Mexikos berührt mich ... der Kummer bleibt mir, daß Max sich dort gebunden hat, jedoch muß ich zu seiner Entschuldigung sagen, daß er von verschiedenen ernstzunehmenden und im übrigen vernünftigen Seiten dazu ermuntert wurde, und es verfehlte nicht länger das Ziel, seine leidenschaftliche und unternehmende Einbildungskraft dieses lebendigen und heißen Kopfs anzustacheln. Es unterliegt keinem Zweifel, daß Max und Charlotte ausgerechnet diese Stellung in Mexiko annehmen, aber welche Möglichkeit, sie dort zu erlangen und unter welchen Umständen!! Stellen Sie sich vor, wie mich dies stechend und herzzerbrechend empfinden ließ! Ich schrieb mir die Finger ab, um diese Kurzschlußhandlung zu verhindern.«[65] Doch Max glaubte, seine große Chance im Leben gefunden zu haben, und nahm allen Warnungen zum Trotz die Krone an. Als Maximilian Europa verließ, war es

Ludwig, der seinen Bruder als Vertreter der Familie verabschiedete. Gerührt schilderte er seiner Mutter die bewegende Szene: »Vielleicht 60.000 Menschen waren im Schloß und Garten, wo auch die Ehrencompanie mit Musik aufgestellt war, die zuerst die Volkshymne und dann ein mexikanisches Lied spielte (es war schrecklich). Max ging rechts und führte Charlotte links; er war in Tränen aufgelöst, sie eben vom Gabelfrühstück gekommen, seelencontent (empörend). Ich hab's ihr auch gesagt. Denn ich selbst ging von dem Moment an beinahe zu Grunde. So sein Heimat, seinen gnädigen Kaiser, alle Lieben zu verlassen, ist ja schrecklich; er fühlte das auch sehr ... Max grüßte noch einmal das ganze überfüllte Ufer entlang, sah noch einmal seine liebe Schöpfung an und verschwand für längere Zeit in seiner Cabine ... auf seinem Schreibtisch hat er die Photographie von uns Vier und von Dir und ober seinem Bett das Heiligenbild, das Du ihm beim Abschied schenktest. Er kann gar nicht von Dir sprechen, ohne Tränen in den Augen ...«[66] Ludwig begleitete seinen Bruder noch bis Rom, dort musste auch er sich von ihm verabschieden: »Wir nahmen einen herzzerreißenden Abschied, heulten beide fürchterlich. Es war ganz schrecklich, er sagte mir noch für alle sehr hübsche, liebe Sachen, die ich Euch mündlich mittheilen will.«[67]

Es sollte ein Abschied für immer sein. Die Befürchtungen bewahrheiteten sich: Die Revolutionäre um Benito Juárez gingen siegreich aus dem Kampf gegen die Monarchie hervor und Maximilian wurde gefangen genommen. Um politische Verwicklungen zu vermeiden, reagierte Franz Joseph auch so, wie er es angekündigt hatte: nämlich gar nicht. Charlotte war indessen nach Europa gereist und wollte einen letzten Versuch unternehmen, ihren Mann – und die Krone – zu retten. Doch es war zu spät. Völlig verzweifelt und nervlich sichtlich angeschlagen verbrachte sie einige Zeit in ihrem alten Schloss Miramare, wo Ludwig sie besuchte. Sophie hatte ihren Jüngsten sofort geschickt, um Neuigkeiten von ihrem Sohn zu erhalten, doch Charlotte, bei der kurz darauf eine psychische Erkrankung festgestellt wurde, konnte ihm nichts mehr erzählen und Ludwig reiste tief erschüttert über ihren

Zustand nach Wien zurück. Dort erhielt die Familie am 30. Juni 1867 auch die Nachricht, dass Maximilian standrechtlich erschossen worden war. Sophie war entsetzt. Immer wieder ließ sie sich von Ludwig die letzten Briefe ihres Sohnes vorlesen und Ludwig war seiner Mutter in diesen Tagen eine große Stütze. Besonders bitter war für sie, dass sich Mexiko lange Zeit weigerte, ihren toten Sohn »nach Hause« bringen zu lassen. Erst im November erhielt die Familie die Genehmigung zur Überführung und entschied, dass Ludwig seinem Bruder das letzte Geleit geben sollte. So reiste er im Jänner 1868 nach Triest und nahm dort, wo er seinen Bruder kurze Zeit davor verabschiedet hatte, nun seinen Leichnam, der von Admiral Tegetthoff auf der »Novara« gebracht wurde, entgegen. Mit einem Sonderzug wurde die Leiche nach Wien gebracht und am 20. Jänner 1868 fand das prunkvolle Begräbnis statt.

»SCHWACH IM TALENTE«
ERZHERZOG CARL LUDWIG

So begabt Ferdinand Max gewesen war, so unbegabt erwies sich Sophies dritter Sohn Carl Ludwig. Schon als Kind war er der farbloseste der Brüder, über den auch am wenigsten berichtet wurde. Als dritter Sohn hatte es Carl Ludwig allerdings auch schwer, die Aufmerksamkeit seiner Mutter zu erlangen. Franz Joseph war von Beginn an die Nummer eins, Ferdinand Max war fantasievoll, begabt, schlimm und beliebt und Ludwig Victor das herzige verhätschelte Nesthäkchen. Da war es für ihn schwer, einen Platz zu finden, und er litt sicher darunter, dass er seine Mutter mit keinerlei besonderen Begabungen begeistern konnte. Dass seine eigene Mutter ihn für »niemals interessant« hielt, blieb ihm sicher nicht verborgen, sodass es eigentlich nicht verwunderlich ist, dass er als »sehr weiches Kind ... bei der geringsten Ermahnung geweint« hat, wie seine Erzieher kritisch bemerkten.[68] Ziemlich bald blieb er zumeist im Hintergrund, fiel selten auf und Sophie kümmerte sich um ihn sicherlich von ihren Kindern am allerwenigsten. Doch Carl Ludwig war ein friedfertiger und gutmütiger Charakter und beneidete weder Franz Joseph jemals um seine besondere Stellung noch zeigte er sich eifersüchtig auf seine beiden anderen, viel beliebteren Brüder. Sein Leben verlief unspektakulär, es scheint geradezu, dass er sich vor allem bemühte, es seiner Mutter recht zu machen und alle Erwartungen zu erfüllen. Carl Ludwig heiratete widerspruchslos die Frauen, die seine Mutter aussuchte, hatte aber auch in dieser Hinsicht wenig Glück. Seine erste Frau Margarethe von Sachsen verstarb bereits nach zwei Jahren, seine zweite Gemahlin Maria Annunziata war ebenfalls kränklich, brachte allerdings vier Kinder – Franz Ferdinand, Otto, Ferdinand und

Margarethe – zur Welt, die für die Monarchie noch eine große Rolle spielen sollten. In erster Linie übernahm er aber alle repräsentativen Pflichten, die zu gering und unwichtig für den Kaiser waren, wo aber dennoch ein Mitglied des Kaiserhauses anwesend sein sollte. So nahm er an zahlreichen Eröffnungen und Ausstellungen teil, was ihm auch die Bezeichnung »Ausstellungs-Erzherzog« eintrug. Carl Ludwig war jedoch kein *Bon vivant*, spulte alle Festlichkeiten professionell, aber ohne besonderes Auftreten, Herzlichkeit, Heiterkeit oder Interesse ab und war daher in der Öffentlichkeit eher unpopulär. So schilderte ihn auch Nora Fugger: »Erzherzog Karl Ludwig hat sich an den Festen der Hofgesellschaft wohl immer pflichtschuldigst beteiligt; doch mit dem Herzen war er nicht dabei. Solche Feste langweilten ihn.«[69] Carl Ludwig fiel immer mehr durch sein distanziertes und schließlich skurriles Auftreten auf. Da er nicht »wie jedermann« grüßen wollte und offensichtlich darauf bedacht war, sich zumindest eine außergewöhnliche Marotte zuzulegen, grüßte er, indem er ein Kreuzzeichen über sein Gegenüber machte, was allerdings vor allem für Kopfschütteln sorgte.

Mit zunehmendem Alter wurde Carl Ludwig immer bigotter und seine Frömmelei führte so weit, dass er begann, selbst fremde Menschen, die ihm begegneten, zu segnen. Das lässt den Erzherzog zwar in einem exaltierten, aber harmlosen Licht erscheinen, weniger harmlos sind allerdings die Schilderungen seines Cousins Leopold Salvator, der ihn in seinen Memoiren als grausamen Mann darstellte: »Ich sehe deutlich sein dickes, rotes Gesicht vor mir. Die kleinen, verschwommenen Äuglein und den riesigen Mund mit den sinnlichen Lippen, auf denen sich beim Sprechen immer Speichel ansammelte. Ich sehe seine riesigen behaarten Hände mit den kurzen, fetten Fingern. Ich höre seine heisere Stimme und das rauhe Lachen. Die Leidenschaft dieses Menschen waren alte Weine und junge Frauen, Pferde und Jagd. Nichts anderes interessierte ihn, nichts anderes gab es für ihn. Wenn man in seiner Gegenwart von Wissenschaft, Literatur und Kunst zu sprechen begann, hielt er sich beide Ohren zu und knurrte mit verächtlich geschürzten Lippen ‚Ich werde seekrank, wenn ich das höre …'. Doch dafür begannen seine Äuglein voller Interesse zu funkeln, wenn die Rede auf schöne Frauen kam. Er war dreimal verheiratet. Das letzemal mit einer bezaubernden Frau – der Infantin Maria Theresia von Portugal. Sie war so jung, daß er neben ihr wie ihr Großvater aussah. Ich erinnere mich ihrer so gut, als hätte ich sie erst gestern gesehen: sie hatte große, traurige Augen und ein feines, zartes Gesicht, wie man es auf alten Bildern sieht. Doch obschon sie nicht älter als einundzwanzig Jahre war, hatten sich in ihren Mundwinkeln feine Kummerfalten gebildet – verfrühte Runzeln, die bereits im ersten Jahr ihrer Ehe erschienen. Schwer war ihr Leben an der Seite des alten, groben und grausamen Mannes. Karl Ludwig behandelte sie sehr schlecht. Mit boshafter Freude beleidigte er sie nicht nur, wenn er mit ihr allein, unter vier Augen war, sondern auch in Gegenwart von Gästen – und je qualvoller ihre Leiden waren, und je mehr sie sich vor Scham krümmte, desto größer war der Genuß, den er daran hatte ... Sie litt schwer unter der Gewaltherrschaft Karl Ludwigs und unter Sehnsucht und Einsamkeit.«[70] Wie authentisch diese Beschreibung ist, sei dahingestellt – man darf nicht vergessen, dass Leopold Wölfling seine Memoiren schrieb, um an Geld zu kommen, und daher viele Schilderungen sicherlich dramatisierte. Da Carl Ludwig ihm zufolge an einem Schlaganfall starb, nachdem er angeblich seine Frau verprügelt hatte, dieser jedoch in Wahrheit an einer Infektion starb, die er sich auf einer Reise ins Heilige Land geholt hatte, nachdem er Wasser aus dem Jordan getrunken hatte, ist er als Quelle mit äußerster Vorsicht zu genießen.

Ludwig hatte jedenfalls zu ihm das engste Verhältnis, die Brüder verbrachten viel Zeit miteinander, und Ludwig hatte auch engen Kontakt zu seinen Neffen und Nichten Franz Ferdinand, Otto, Ferdinand und Margarethe sowie zu Maria Annunziata und Elisabeth aus Carls dritter Ehe mit Maria Theresia von Portugal. Ludwig adoptierte sogar 1885 seinen Neffen Otto, da er keine Kinder und somit Erben hatte. Auch als Carl nach seiner Pilgerreise ins Heilige Land schwer krank zurückkehrte, war es Ludwig, der nicht von seinem Krankenbett wich und ihm in seinen letzten Tagen beistand.

ALLTAG EINES KAISERLICHEN DANDYS

ALLTAG EINES KAISERBRUDERS

Ludwig hatte zwar weder eine besondere Ausbildung erhalten noch besondere Interessen oder gar Talente gezeigt, doch er war immerhin ein Mitglied des Erzhauses und sollte nun mit 19 Jahren lernen, Verantwortung zu übernehmen und der Monarchie zu dienen. Umso mehr als Ludwigs Alltag in dieser Zeit zunehmend ausschließlich von Vergnügungen geprägt war. Ludwig frönte offenbar dem *dolce far niente* und führte ein gemütliches Luxusleben.

Doch Ludwig Victor war intelligent und mit diesem unproduktiven Leben offenbar unterfordert. Ab und zu aufzutreten und nichtssagende Konversation zu machen, erfüllte ihn nicht, was sich immer deutlicher in scharfsichtigen und auch beißenden Kommentaren niederschlug. Die höfische Gesellschaft zeigte sich irritiert. Ein Habsburger, der sich nicht scheute, offen seine Meinung zu sagen, war mehr als außergewöhnlich. Ludwig legte ein unerschütterliches Selbstbewusstsein an den Tag und zeigte keinerlei Zurückhaltung. Seine Erziehung bzw. sein Aufwachsen als verhätscheltes Nesthäkchen, das von allen Seiten immer nur positive Reaktionen auf sein Verhalten erfahren hatte, machte sich nun auch beim jungen Mann bemerkbar. Er hatte sein ganzes Leben eine Sonderstellung innerhalb der kaiserlichen Familie eingenommen, ihm hatte man im Unterschied zu den älteren Brüdern jede Schwäche verziehen, nie hatte man ihm Pflichterfüllung, Bescheidenheit, Demut oder eine besondere Leistung abverlangt. Seine sonst so anspruchsvolle Mutter hatte ihn nie kritisiert, seine Brüder hatten im Nachzügler immer nur den herzigen kleinen Bruder gesehen, die Erzieher hatten für den vierten Sohn keinerlei Anweisungen mehr zu einer ernsthaften Bildung erhalten. Ludwig war vor allem im Kreise gutmütiger Tanten und Onkel sowie demütiger Hofdamen aufgewachsen, war frühreif und hatte vor allem ein Talent entwickelt: die charmante und witzige Unterhaltung der Hofgesellschaft. Er zeigte sich niemals von Selbstzweifeln geplagt, war gewohnt »everybodys Darling« zu sein und fühlte sich unverwundbar. Er war für seine kleinen Bosheiten bekannt, die ihm größtes Vergnügen bereiteten. So liebte er es, seine Gäste mit kompliziert zu essenden Speisen oder unbekannten Besteckteilen zur Verzweiflung zu treiben: »Boshaft war er überhaupt. Das zeigte sich auch, wenn er seine Gäste gern mit einem besonders komplizierten, in der Handhabung nicht immer ganz leichten Essbesteck überraschte. Ich hatte das Geschick, auf sein Beispiel zu warten, wenn mir irgendein Gefäß oder Werkzeug Rätsel aufgab.«[71] Doch es blieb nicht bei derlei harmlosen jugendlichen Streichen. Zunehmend verlor er das Gespür für die Gratwanderung zwischen Witz und Häme, zwischen Ironie und Sarkasmus. Er urteilte scharf, mitunter sogar hochmütig und empathielos. Starke Persönlichkeiten liebten ihn dafür und sahen in ihm einen geistreichen, witzigen Unterhalter, andere fürchteten seine scharfzüngigen und nicht selten beleidigenden Kommentare und wichen ihm aus. Ludwig entwickelte sich langsam, aber sicher vom beliebten, charmanten, herzigen »Kleinen Ludwig« in eine »garstige Giftschlange«,[72] wie es Nora Fugger formulierte. Damit stand sie allerdings nicht alleine da. Der Liebling der Hofdamen machte sogar sie sich mit seinen verletzenden Kommentaren, gedankenlosen Aktionen und hochmütigem Verhalten zu Feinden. Sophie beunruhigte wiederum vor allem das oberflächliche »Lotterleben« ihres Sohnes und sie sah sich gezwungen, mehr oder weniger die Reißleine zu ziehen. Nach einer längeren Unterredung mit dem Kaiser war die Entscheidung gefallen. Ludwig sollte weg aus Wien, weg vom angenehmen Luxus des Kaiserhauses und den Vergnügungen der Großstadt. Er sollte selbständig werden, pflichtbewusster und demütiger. Spät, aber doch erkannte Sophie, dass es Ludwig nicht gut getan hatte, so verwöhnt zu werden und niemals eine ernsthafte Aufgabe zu haben. So entschied Franz Joseph 1861,

Erzherzog Ludwig Victor um 1860. Fotografie von Ludwig Angerer.

dass Ludwig ihn in Salzburg vertreten solle. Die *Salzburger Zeitung* berichtete, dass Ludwig »sich demnächst mit seinem gesamten Hofstaat nach Salzburg begeben werde, um bei der dortigen Landesbehörde den Geschäftsgang kennen zu lernen«.[73] Eine eher unspektakuläre, unglamouröse und undankbare Aufgabe. Falsch ist jedoch die Annahme, Ludwig wäre aus Wien verbannt worden. Diese Legende, die sich bis heute hartnäckig hält, ist eindeutig zu widerlegen. Ludwig residierte zwar von da an einige Monate in der Salzburger Residenz, kehrte dazwischen aber immer wieder nach Wien zurück und ab 1863 hielt er sich nur noch im Sommer in Salzburg auf. Allein die Tatsache, dass er sich zwischen 1863 und 1866 an der Ringstraße/Ecke Schwarzenbergplatz ein Palais errichten ließ und dieses danach viele Jahre bewohnte, zeigt, dass es sich bei der angeblichen Verbannung um einen weitverbreiteten Irrtum handelt – diese sollte erst wesentlich später, nämlich erst 1904 stattfinden. Im Jahr 1861 war es weder außergewöhnlich noch verdächtig, dass Ludwig eine Aufgabe außerhalb von Wien übernahm. Vielmehr war es Tradition, dass die Brüder des Kaisers als Erwachsene neben ihrer traditionellen Funktion beim Militär eine offizielle Position im Dienste der Monarchie erhielten. Max wurde in Triest stationiert, Carl Ludwig musste zuerst nach Lemberg und wurde danach als Statthalter von Tirol installiert und Ludwig eben nach Salzburg geschickt. Dass die kaiserlichen Brüder diese Aufgaben eher ungern und auch nur für kurze Zeit übernahmen, war zweitrangig. Hauptsache, sie hatten sich in der Öffentlichkeit zumindest einige Zeit als nützlich erwiesen – danach konnten sie wieder ihr angenehmes Leben aufnehmen.

Zum Abschied schenkte Sophie Ludwig ein Medaillon, in dem die Worte »Sei fromm u. pflichtgetreu u. wahr, u. halte Seele u. Gewissen klar« eingraviert waren. Ludwig war natürlich über die Entscheidung wenig begeistert und entsprechend verärgert. Seine Loyalität zum Kaiser stand außer Frage, selbstverständlich akzeptierte er ohne Klage, doch in seinen Briefen an seine Mutter ließ er mit der Zeit doch durchklingen, dass er über seinen unfreiwilligen Umzug mehr als unglücklich war. In seinem ersten Brief zeigte er sich noch positiv gestimmt und meinte: »Heute sind es 8 Tage, daß mit dem guten Willen, den ich mitgebracht habe, ich recht glücklich hier sein werde…«[74] Doch offenbar beklagte er sich schon kurz darauf bei seinem Bruder Carl, der allerdings kein Mitleid mit Ludwig hatte: »… die Entfernung nach Salzburg ist nicht so groß«, schrieb Carl, er selber habe »es schlimmer gehabt … nach dem so weit entfernten Lemberg, in das kalte Galizien, in ganz fremde Verhältnisse« geschickt worden zu sein.[75] Damit hatte Carl völlig recht, denn Ludwig war in Salzburg ja nicht gänzlich ohne Familienanschluss, lebte doch seine geliebte Großmama, Kaiserin Carolina Augusta, die ja gleichzeitig eine Schwester seiner Mutter war, seit dem Tod ihres Mannes Kaiser Franz II./I. ebenfalls in der Salzburger Residenz und bot dem Erzherzog sicherlich ein familiäres Umfeld. Im dritten Obergeschoss wurde, in den heutigen Räumlichkeiten der Residenzgalerie Salzburg, auch ein Appartement nach seinen Wünschen adaptiert.[76] Doch schon kurz darauf gab es erste Probleme. Der Erzherzog dachte nicht daran, seine Ansprüche herunterzuschrauben, und führte ein kostspieliges Leben, wofür er prompt von seiner Mutter gerügt wurde. Ludwig war empört und antwortete: »Noch einmahl mich Kreuzer für Kreuzer zu vertheidigen ist mir nicht möglich … und schreib nur nie mehr so an Deinen vereinzelten Sohn.«[77] So »vereinzelt«, wie Ludwig beklagte, war er dank seiner Großmama zwar nicht, doch Ludwig war große Gesellschaften und viel Familie gewöhnt und wollte deren Fehlen mit einem besonders aufwändigen Lebensstil kompensieren. Sehnsüchtig wartete er auf die Briefe seiner Mutter mit allen Neuigkeiten aus Wien und reagierte daher besonders gekränkt, wenn sie wieder Vorwürfe enthielten: »(…) wäre nicht der stete Vorwurf drinnen, der mich so gut gemeint er auch ist, doch kränkt. Die rückständigen Ausgaben, bestehend in 5000 fl sind sehr bald beisammen. Zuerst die Fuchsstute 2000 fl, Sattelgeld 200 fl und ein überaus nothwendiges Paar Wagenpferde mit Gebühren 2000 fl … und Dir sowie Held Alles bis auf den letzten Heller bezahlt; dann hoffe ich, wird man mir glauben, daß ich doch ehrlich bin.«[78] Ludwig war es weder gewohnt zu sparen noch sich für seine Ausgaben rechtfertigen zu müssen und reagierte immer ungehaltener über seinen chronischen Geldmangel: »Wenn ich bis in 5 Tagen nicht meine Apanage bekomme, so werde ich mich mittels Telegraph beim Kaiser anfragen, ob ich nicht auf einen Tag nach Wien kommen darf, um die Sache in's Reine zu besprechen. Denn ohne Geld kann kein Mensch leben, und dies ist mein Recht und nicht eine Gnade des Kaisers. So muß ich immer beim Papa betteln und das ist unausstehlich. Ich spare gewiß sehr, denn ich habe in München zu meinem Spaße nur 45 Gulden ausgegeben.«[79]

Sophie war verzweifelt. All ihre Ermahnungen und Bitten waren nutzlos. Zu seinem in ihren Augen verschwenderischen Leben kamen nun auch Gerüchte über einen schlechten Umgang des Erzherzogs. Angeblich hatte er in Ischl, wo er ständig hinfuhr, da das gesellschaftliche Leben dort weit mondäner war als in Salzburg, Umgang mit Personen zweifelhaften Rufs. Das war für Sophie, die gerade auf eine makellose Lebensführung so viel Wert legte, zu viel. Sie griff zu härteren Maßnahmen und erinnerte sich, was Ludwig schon als Kind am meisten getroffen hatte: Verbannung aus der Familie oder seinem geliebten Umfeld. Damals durfte er weder die Eltern noch Geschwister für einige Tage sehen, durfte nichts mit ihnen unternehmen und musste alleine speisen. So vermerkte sie 1856 in ihrem Tagebuch: »Ludwig kam zu mir und speiste mit uns – glücklich mich wiederzusehen und von neuem mit uns zu leben.«[80] In ihrer Not versuchte sie auf diese altbewährte Strafe zurückzugreifen und verbot Ludwig, nach Ischl zu fahren. Ludwig war verärgert: »Ich weiß, daß es von jeher das Vergnügen der Leute war über mich zu reden, und Gottlob stets nur unwahre Sachen zu erzählen. Mir ist es sehr leid der Bestrafte zu sein … ich kann Dich erstens versichern, daß es mir nicht im Traume eingefallen wäre, das kann ich versprechen, mich mit dieser einfältigen Person nur im Mindesten einzulaßen, und zweitens muß ich sagen, daß mir an Ischl, wären die Bekannten nicht Alle dort, wirklich sehr wenig gelegen wäre.«[81] Als Sophie nicht sofort reagierte, legte er ungehalten nach: »Wie lange wird denn die Verbannung von Ischl noch dauern, da doch gewiß an All dem was man sprach, kein wahres Wort ist? Bitte schreibe mir wegen alle dem recht bald …«[82]

Die angespannte Situation beruhigte sich jedoch wieder und Ludwig führte zumindest in Salzburg vorübergehend ein ruhigeres Leben. An seiner offiziellen Funktion war er nicht rasend interessiert, wie folgende Geschichte belegt: »Einen Akt, den der Regierungsleiter dem erlauchten Praktikanten als ‚besonders interessant' zur Durchsicht empfahl, schickte letzterer nach einigen Tagen ‚mit verbindlichem Dank' und der Bemerkung ‚in der Tat höchst interessant' zurück. Nur konstatierte der Kanzleibeamte, der das Aktenbündel mit einem ihm eigenartigen Knoten geschnürt hatte, daß dieser nie gelöst worden sei!«[83] Viel lieber widmete sich Ludwig seiner Lieblingsbeschäftigung, nämlich Gesellschaften. So betreffen unzählige Akten des Oberhofmeisteramtes in Wien die Korrespondenz mit der Verwaltung der Salzburger Residenz, in der detailreich geklärt wurde, in welchen Räumen, mit welcher Ausstattung und welchen Kosten die Einladungen des Erzherzogs stattfinden konnten.[84] Abgesehen davon hielt sich Ludwig klug zurück. Seine »Taktik« ging voll auf und es gelang ihm peu à peu, wieder öfter in Wien zu sein. Zuerst im Fasching für einige Bälle, dann immer regelmäßiger und ab 1863 mindestens den gesamten Winter. Franz Joseph berichtete in dieser Zeit immer wieder von Ludwigs Teilnahme an Festlichkeiten und Bällen und betonte die große Tanzleidenschaft seines jüngsten Bruders. So schrieb er 1863 an seinen kleinen Sohn, Thronfolger Erzherzog Rudolf: »Onkel Ludwig ist gestern nach Salzburg zurückgereist, nachdem er hier noch viel getanzt hat …« und kurz darauf über einen Hofball »… es waren über 700 Personen und es ist sehr viel und sehr lustig getanzt worden bis nach Mitternacht. Der Onkel Ludwig hat sehr viel getanzt und sich gut unterhalten.«[85]

Da er nun wieder mehrheitlich in Wien lebte, begann er mit dem Bau eines eigenen Palais an der Ringstraße. Als Bauplatz wählte er den heutigen Schubertring/Ecke Schwarzenbergplatz. Dies war sicher kein Zufall, denn damit befand sich sein Palais gegenüber dem mehr oder weniger zeitgleich errichteten – dem heutigen Hotel Imperial – von Philipp Württemberg, einem seiner engsten Freunde, der mit Ludwigs Cousine Maria Theresia, einer Tochter Erzherzog Albrechts, verheiratet war. Zahlreiche Fotos im privaten Album des Erzherzogs belegen die jahrzehntelange enge Freundschaft der beiden und dokumentieren das beschauliche Leben der Hocharistokratie am Ende des 19. Jahrhunderts, das abgesehen von glänzenden Festlichkeiten und Bällen am Abend tagsüber von Teegesellschaften, Tennismatches, Ausflügen und Spaziergängen geprägt war. Salzburg blieb seine Sommerresidenz, wo er ab 1866 im Schloss Kleßheim, das ihm Franz Joseph geschenkt hatte, lebte. Das Wiener Palais wurde zu einem der elegantesten Häuser Wiens und war für eine habsburgische Residenz, die ja eher für Bescheidenheit und vornehme Zurückhaltung bekannt waren, auffallend luxuriös gestaltet. Bezeichnenderweise wählte er den Bauplatz nicht in der Nähe der Hofburg, sondern in der Ecke der »Börsensociety und Lobbyisten«[86], die zu seinem gesellschaftlich äußerst aktiven Leben besser passte. Als Architekten wählte er Heinrich von Ferstel, den er im Zuge des Baus der Votivkirche, die dieser zur Erinnerung an den glücklichen Ausgang des Attentats auf Kaiser Franz Joseph 1853 errichtet hatte, kennengelernt hatte. Die Gestaltung des Palais im Renaissancestil folgte den Ansprüchen des Erzherzogs: eine repräsentative Freitreppe führt in den ersten Stock, der von einem Ballsaal sowie einem Speisesaal und Wintergarten geprägt ist. Die Wohnräume des Erzherzogs lagen im Mezzanin, im Erdgeschoß Stallungen und Remisen für die Kutschen und in der obersten Etage waren die Dienstbotenzimmer untergebracht. Diese Aufteilung machte deutlich, wofür das Palais errichtet wurde – nicht für ein zurückgezogenes Leben, sondern für rauschende Bälle, festliche Diners und Empfänge. Die Ausstattung war kostspielig und elegant, mit Holztäfelungen, Seidentapeten, bemalten Stuckdecken, erlesenen Kunstwerken und bis in die kleinsten Details luxuriös gestaltet, so waren sogar die Abflussrohre der Toiletten aus geschliffenem Untersberger Marmor gefertigt.

Dennoch hatte die Zeit in Salzburg Ludwig offenbar gut getan. Er hatte erkannt, dass er an der Seite seines Bruders mehr Zeit in Wien verbringen konnte, und entwickelte sich nun zu einem der engsten Vertrauten des Kaisers. Dies lag einerseits sicher an seiner auffallend loyalen und geradezu verehrenden Einstellung seinem kaiserlichen Bruder gegenüber. Andererseits war Ludwig eloquent und hatte ausgezeichnete Manieren. Das prädestinierte den jungen Erzherzog dazu, den Kaiser bei öffentlichen Auftritten und Reisen zu begleiten. Das war vor allem auch der Fall, wenn Kaiserin Elisabeth nicht an der Seite des Kaiser war – was bekanntermaßen immer öfter vorkam. So begleitete er Franz Joseph 1863 zum »Frankfurter Fürstentag«, was kein gemütlicher Freundschaftsbesuch war, ging es doch um die Neugestaltung des Deutschen Bundes und den Kampf mit Bismarck um die Vorherrschaft. Unangenehme Besprechungen, Sitzungen und Konferenzen standen auf der Tagesordnung – dennoch nahm Franz Joseph seinen jüngsten Bruder Ludwig mit.

Der Wiener Hof zeigte sich glücklich, eine Rolle für Ludwig gefunden zu haben, die ihm lag, die er bestens erfüllte und die gleichzeitig im Interesse der Monarchie war. Je mehr repräsentable Mitglieder des Erzhauses es gab, desto besser. Erzherzog Ferdinand Max vertrat den Kaiser in Triest, Carl Ludwig hatte nach einem kurzen Intermezzo als Statthalter in Tirol kein großes Talent zur Repräsentation, so lag es an Ludwig, seinen Bruder zu unterstützen. Auch ein erster gemeinsamer Auftritt des Brüderpaares in Ungarn 1866 – damals durchaus ein diplomatisch heikles Pflaster – kam gut an und Franz Joseph berichtete Mutter Sophie: »Ludwig, der sich, wie ich hoffe, hier gut unterhalten hat, wird Ihnen viel erzählen. Er war sehr aimable und ist der hiesigen schönen Welt ziemlich bekannt geworden, da er außer unserem Balle auch eine Soiree bei Sennyey mit gemacht hat. Leider konnte ich kein Diner geben, während er hier war, da Sisi noch immer nicht erscheinen kann und sich noch sehr schonen muß.«[87] Ludwig

Das Foto Ludwig Victors in osmanischem Kostüm dokumentiert sowohl seine Vorliebe für Verkleidungen als auch für außergewöhnliche Fotomotive.
Baldi & Würthle, 1864.

berichtete tatsächlich – auch von den schönen Ungarinnen begeistert – nach Wien: »Der Ball war wirklich wundervoll, nur durch die Abwesenheit der Kaiserin etwas gestört. Es sind sehr viel schöne Frauen, Mädchen wenig, der Luxus ein bei uns gar nicht gekannter, die Sennyey ist aber dezidiert die hübscheste. Ich fand sehr viel Bekannte und lernte sehr viel Leute kennen. Die Damen tanzten alle ausgezeichnet gut und da ich (obwohl ich unterwegs gar nicht schlief) nicht im Mindesten müde war, so hielt ich wacker mit. Die Deutschmeister-Musik spielte famos und zu den Czardas die mich sehr interessierten eine excellente Zigeunerbande.«[88]

An der Seite des Kaisers war Ludwig mitten im politischen Geschehen und natürlich in alles eingeweiht. Für einen kurzen Moment in seinem Leben interessierte er sich für die politische Situation des Landes, die 1866 mehr als schwierig war. In enorm blutigen und verlustreichen Schlachten hatte Franz Joseph die italienischen Provinzen verloren und der Machtkampf mit Preußen zur Schlacht bei Königgrätz am 3. Juli 1866 geführt, die er ebenfalls verlor. Ludwig war in diesen Monaten an der Seite des Kaisers und berichtete seiner Mutter: »Der Frieden wäre denn so viel wie gewiß. Ich freute mich zuerst gar nicht darüber. Dann aber las ich einige Briefe von Militärs, die immer sehr für den Krieg waren und doch jetzt finden, daß es nicht mehr ginge, da die Truppen zu ermattet und durch den Nichtbesitz der Zündnadelgewehre zu sehr decouragiert seien. Auch soll es sehr notwendig wegen Ungarn sein, Friede zu machen, da dieses Land gar nicht ist, wie es sein soll … Bismarck soll jetzt, da er gescheit ist, und der König in seinen dummen Dünkel verrannt ist, viel leichter traitable (Anm. zu behandeln) als letzterer sein.«[89]

Der Brief offenbart, dass Ludwig gut informiert war und erkannte, dass in erster Linie Versäumnisse in der militärischen Ausstattung ausschlaggebend für diese empfindliche Niederlage waren. Auch als sich Franz Joseph im Zuge der Neuordnung und Neupositionierung des Reichs in Europa ein Jahr später, im August 1867, mit Kaiser Napoleon III. zu politischen Gesprächen in Salzburg traf, war Ludwig an seiner Seite. Wieder handelte es sich um einen diplomatisch heiklen Besuch, da gerade erst Franz Josephs Bruder Kaiser Maximilian von den Revolutionären unter Benito Juarez erschossen worden war. Da Maximilian die mexikanische Kaiserkrone ja mit Unterstützung Napoleons angenommen hatte, war man davon ausgegangen, dass Frankreich den Habsburger im Kampf gegen die Revolutionäre unterstützen würde. Doch Napoleon hatte Maximilian im Stich gelassen und sich damit die Familie Habsburg nicht gerade zum Freund gemacht. Allen voran Erzherzogin Sophie, die sich weigerte nach Salzburg zu reisen, um den »Mörder« ihres Sohnes zu treffen. So schilderte ihr Ludwig in seinen Briefen detailliert die Ereignisse und Gespräche, wobei die Schilderungen der Festlichkeiten bezeichnenderweise den meisten Raum einnahmen. So berichtete er u.a. von der spektakulären Beleuchtung der Bergkulisse mit 40 Bergfeuern und von einem Gartenfest im Park des Schlosses Kleßheim mit festlicher Beleuchtung des Schlosses und des Parks, einem Feuerwerk sowie einer »Regatta«.[90] Auch zum offiziellen Gegenbesuch im Oktober 1867 reiste Ludwig mit seinem Bruder nach Paris, da Elisabeth schwanger war und in Wien blieb. Die Reise war ein großer Erfolg, vor allem die beiden Erzherzoge – Ludwig und Carl – fielen durch ihre »Zurückhaltung« auf: »Der Kaiser sowohl als auch die Erzherzöge hinterließen in der Pariser Bevölkerung den besten Eindruck, und sie imponierten besonders auch dadurch, dass sie gewissen Kreisen, welche für die Fremden eine bekannte Anziehungskraft haben, völlig fern blieben – ein Beispiel, welches von anderen hohen Herren nicht immer gegeben worden war.«[91] Ludwig machte also auf dem internationalen Parkett gute Figur, zeigte mustergültiges Benehmen und fiel definitiv nicht durch irgendwelche Eskapaden auf. Vor allem Kaiserin Eugenie, die von österreichischen Gesandten selbst als eher unkonventionell geschildert wurde, war von Ludwig begeistert und fand in ihm einen Verbündeten für ein Abenteuer, das Franz Joseph seiner Frau schilderte: »Die Kaiserin hat mit Ludwig verabredet, heute mit ihm im Luftballon, der täglich vom Ausstellungsgarten aufsteigt, zu fahren.

Erzherzog Ludwig Victor um 1866. Foto von Josef Löwy.

Es ist keine Gefahr dabei, da der Ballon an einem Stricke gehalten wird, allein der Kaiser darf doch nichts davon wissen. So etwas thätest Du nicht hinter meinem Rücken ...«[92] Mit dem unternehmungslustigen Ludwig hatte Eugenie den Richtigen für dieses kleine Abenteuer gefunden, denn sie beschlossen kurzerhand sogar richtig – also ohne besagten Strick – zu fahren: »Die Kaiserin ist richtig mit Ludwig im Ballon gefahren und war enchantiert davon.«[93]

Doch aus den ersten erfolgreichen Reisen und Auftritten entwickelte sich keine fixe Tradition. Die Gründe dafür liegen im Dunklen. Fest steht, dass Ludwig das Talent dazu gehabt hätte, warum diese Position nicht gefestigt wurde, bleibt unklar. Dass er Franz Joseph bei der Sistierung des Reichstags 1865 vertrat, spricht eher dafür, dass Franz Joseph diese ihm unangenehme Aufgabe gern an ihn übertrug und damit auch seine Geringschätzung für diese Institution zum Ausdruck bringen wollte, und nicht dafür, dass er ihm eine politisch bedeutende Funktion zumaß. Franz Joseph sah warum auch immer weder die Chance noch die Notwendigkeit, die Talente seiner Geschwister zu nutzen, was von Politikern durchaus kritisch beurteilt wurde. So bemerkte Regierungschef Anton Ritter von Schmerling: »Am 27. Juli erfolgte die Verabschiedung des Reichsrates und zwar in bezeichnender Weise durch den damals dreiundzwanzigjährigen Erzherzog Ludwig Victor, der vor- und nachher jeder politischen Betätigung ferngehalten worden war.«[94]

ERSTE HEIRATSPLÄNE

In diese Zeit fielen auch die ersten Heiratspläne, der Erzherzog war nun Mitte Zwanzig und damit im passenden Alter. Die Wahl fiel interessanterweise ausgerechnet auf Sophie in Bayern, eine jüngere Schwester Kaiserin Elisabeths und somit ebenfalls Cousine ersten Grades des Erzherzogs. Ludwig fügte sich, bat aber seine Mutter, so lange niemandem etwas von den Plänen zu verraten, bis er selbst mit Sophie gesprochen hätte: »... denn man muß doch auch wissen ob Sie will und dies möchte ich selbst erfahren ...«[95] Ludwig reiste also im April 1866 nach Bayern, um Sophie einen Antrag zu machen. Hinter dem Projekt standen abgesehen von Erzherzogin Sophie sowohl Ludwigs Vertraute Kaiserin Elisabeth als auch deren Mutter Herzogin Ludowika in Bayern, die diese neuerliche Verbindung einer ihrer Töchter mit einem Bruder des Kaisers sehr gern gesehen hätte. Doch alle Beteiligten hatten eines nicht bedacht: Sophie war selbstbewusst und keineswegs gewillt, den unattraktiven Erzherzog zu heiraten. Das Leben der rebellischen Prinzessin sollte übrigens noch äußerst spektakulär verlaufen: Kurze Zeit nach der geplatzten Verlobung mit Ludwig Victor verlobte sie sich mit ihrem Cousin König Ludwig II. von Bayern – die Vermutung, dass homosexuelle Neigungen des Erzherzogs der Grund für Sophies Absage gewesen waren, kann daher ausgeschlossen werden. Der bayerische König löste die Verlobung jedoch wieder, was Sophie allerdings nicht ungelegen kam, da sie sich kurz nach ihrer Verlobung in Edgar Hanfstaengl, den Sohn des berühmten Münchner Fotografen Franz Hanfstaengl, verliebt hatte. Die beiden hatten über Monate eine heimliche Affäre und so war Sophie zwar offiziell gekränkt, persönlich jedoch erleichtert.

Die jüngste Schwester
Kaiserin Elisabeths,
Herzogin Sophie in
Bayern 1867.

Da eine Heirat mit Edgar jedoch ausgeschlossen schien, willigte sie schließlich 1868 in die Pläne ihrer Mutter ein, den Herzog von Alençon zu heiraten. Die Ehe verlief jedoch unglücklich, Sophie litt an Depressionen und wurde in München zu dem Arzt Dr. Franz Glaser geschickt, in den sie sich prompt verliebte. Diesmal wollte sie jedoch zu ihrer Liebe stehen und brannte mit ihrem geliebten Arzt, einem mehrfachen Familienvater, durch. Damit verstieß sie jedoch gegen die damals geltenden gesellschaftlichen Spielregeln. Eine diskrete Affäre hätte niemanden schockiert oder zu irgendeiner Reaktion veranlasst. Dass eine Frau ihren Gemahl verlassen und sich noch dazu scheiden lassen wollte, war jedoch undenkbar und konnte nur Ausdruck einer ernsthaften geistigen Erkrankung sein. So passierte Sophie genau das Gleiche wie kurz danach Louise Coburg, die mit ihrem Geliebten Geza von Mattachich durchbrannte.

Sophie wurde auf Geheiß ihres Mannes »untersucht« und kurzerhand in eine Irrenanstalt eingewiesen. Unglaublich scheint fast, dass sich die damaligen wissenschaftlichen Kapazitäten, Psychiater von Rang und Namen, dafür hergaben, diese erschütternde und skandalöse Vorgangsweise mittels ärztlicher Gutachten zu rechtfertigen. In Sophies Fall war es niemand Geringerer als der bekannte Psychiater Dr. Richard Krafft-Ebing, der sie für »verrückt« erklärte, da sie ihren Mann verlassen wollte. Krafft-Ebing ließ sie in seinem (!) privaten Sanatorium in Maria Grün bei Graz internieren, wo Sophie einer monatelangen »Gehirnwäsche«, kombiniert mit Kaltwasserkuren und anderen seelischen und körperlichen Misshandlungen, unterzogen wurde. Wenig überraschend willigte sie danach ein – von ihrer Krankheit »genesen« –, wieder zu ihrem Mann zurückzukehren und ihre Scheidungsabsichten aufzugeben. 1897 kam sie bei einem Großbrand während eines Wohltätigkeitsbasars in Paris tragisch ums Leben.

Ludwig, der sich, wenn man zeitgenössischen Bemerkungen darüber glaubt, bei seinem Werben auch nicht sonderlich engagiert hatte, holte sich jedenfalls von Sophie einen Korb. Dennoch berichtet er seiner Mutter enttäuscht aus München: »Liebe Herzensmama! Wir gehören uns wieder ganz an und ich will nur mehr für dich, liebe Mama, leben. Sie will mich nicht und sie hat gewiß recht, ich bin ihr gar nicht böse und werde ihr gewiß immer alles Gute als treuer Freund ... wünschen. Nur hätte ich nie daran glauben sollen, denn jetzt ist es mir doch recht schwer.«[96]

Die Einzige, die sich wirklich untröstlich zeigte, war Sophies Mutter Herzogin Ludowika, die die Angelegenheit vehement betrieben hatte: »Es hat mich viele Tränen gekostet, ein solcher Schwiegersohn wäre ein Glück für mich gewesen.«[97] Diese Bemerkung zeigt die Prioritäten in dynastischen Kreisen – in einer Ehe ging es ausschließlich um Rang und Namen, nicht um Sympathie, Glück oder gar Gefühle. Selbst Kaiserin Elisabeth, die diese geplante Verbindung unterstützt hatte, zeigte sich nicht verwundert und verriet auch, dass es vor allem Franz Joseph gewesen war, der nicht daran geglaubt hatte, dass daraus etwas werden würde: »Der Kaiser glaubte von Anfang an nicht, daß sie ihn nimmt. Wenn sie nur einen Mann fände, den sie liebt und der sie recht glücklich macht. Aber wen?«[98] Dass es diese Männer zwar gab, sie aber nicht über entsprechenden Rang und Namen verfügten und daher indiskutabel waren, war offenbar Sophies großes Lebensunglück. Elisabeth war Ludwig jedoch in keiner Weise böse oder gekränkt – im Gegenteil: Es tat ihr für ihn leid und sie meinte: »Er ist ein wirklich guter Mensch, vielleicht kann noch einmal etwas daraus werden.«[99] Dass die geplatzte Verlobung keine Kränkungen der Beteiligten zur Folge hatte, zeigt auch die Tatsache, dass Ludwig eng mit Kaiserin Elisabeths Familie verbunden blieb und in seinen Briefen an seine Mutter immer wieder von gemeinsamen Aktivitäten berichtete, die auf ein weiterhin sehr harmonisches Miteinander schließen lassen. So schrieb er im Sommer 1871: »… die Kaiserin so gnädig war mich zu erwarten. Nachdem sie zu sich gefahren war, speisten wir rasch, dann ging ich mit Ihr und Alençons bis 7 1/2 Uhr … Heut früh um 7 Uhr gingen und ritten die Kaiserin, Alençons und ich beim schönsten Morgen auf das ziemlich hoch im Mittelgebirge gelegene Schloss Franzensburg, wo wir bei prächtiger Aussicht auf die schneebedeckten Berge und das grüne Thal sehr gut frühstückten. Um 12 ¼ waren wir zu Hause und jetzt schreibe ich dir bei großer Hitze vor dem Hause sitzend. Sehr leid wird es mir schon wieder abzureisen!«[100]

Sowohl in zeitgenössischen Berichten als interessanterweise auch neuester Literatur wird diese geplatzte Verlobung immer wieder als Auslöser für Ludwigs Hinwendung zu Männern genannt. Die moralischen Vorstellungen der Zeit ließen wohl keine andere Erklärung als die unglückliche Liebe zu einer Frau zu, die dazu führte, dass sich Ludwig später eher bzw. auch für Männer interessierte. Zwar wurden unterschiedliche Frauen genannt – das Ergebnis war immer das gleiche. So hieß es: »In seiner Jugend hatte er eine Prinzessin Lobkowitz geliebt und wollte sie heiraten. Da sie aber zwar standesgemäß war, aber keinem regierenden Haus angehörte, hintertrieb die Erzherzogin Sophie diese Heirat ihres Sohnes. Daraufhin begann er, Freunde den Freundinnen vorzuziehen ... und diese unselige Leidenschaft stürzte ihn ins Unglück.«[101] Ähnlich schilderte Nora Fugger diese angebliche Zäsur im Leben des Erzherzogs. So habe sich Ludwig, nachdem Sophie diese Verbindung nicht zugelassen hatte, »von der jungen Damenwelt vollkommen abgewendet«[102]. Auch Leopold Wölfling berichtete von der »Wandlung« des Kaiserbruders – allerdings war in seiner Version die große unglückliche Liebe keine Adelige, sondern eine Bürgerliche: »In der Familie erzählte man sich, daß er selbst in den sechziger Jahren unbedingt die Tochter des Portiers des Regierungsgebäudes in Salzburg, in die er sich verliebt hatte, heiraten wollte, daß diese Ehe aber an dem Widerspruch Franz Josephs gescheitert war. Seither wachte er mit Argusaugen darüber, daß ähnliche Neigungen von Erzherzogen nicht zu Ehen ausarteten. Am Ende seines Lebens aber traf ihn die seltsame Vergeltung, ebenfalls in die Verbannung wandern zu müssen, um dort eine verbotene Neigung (allerdings nicht für das schöne Geschlecht) zu büßen.«[103]

Ob es nun Sophie oder eine andere Frau war – man war sich jedenfalls bislang einig, dass die unglückliche Liebe zu einer Frau »Auslöser« für seine Homosexualität war. Heute mutet dieser Erklärungsversuch bzw. die Notwendigkeit dafür eher absurd an. Ludwig war einfach homosexuell oder auch bisexuell. Seine sexuelle Orientierung sollte jedoch heutzutage keine sensationelle Feststellung mehr sein, die alles andere überlagert und eine seriöse Auseinandersetzung mit seiner Persönlichkeit verhindert.

Auch weitere Heiratspläne verliefen im Sand. Kurze Zeit gab es Gerüchte um eine Heirat mit der spanischen Infantin Maria Isabella, sein Bruder Max forcierte als Kaiser von Mexiko einige Zeit lang den Plan einer Hochzeit Ludwigs mit Kronprinzessin Isabela von Brasilien und träumte von einem mexikanisch-brasilianischen Großreich unter habsburgischer Krone. Doch all diese Projekte zerschlugen sich – nicht unbedingt, weil Ludwig sich sträubte, sondern weil er es wohl geschickt eher seiner mächtigen und entscheidenden Mutter überließ, dem Kaiser diese Ideen auszureden. Wobei Ludwig natürlich wusste, dies melodramatisch zu formulieren, indem er meinte, »daß er sich nur auf einen förmlichen Befehl des Kaisers hin in diese Heirat fügen und sich selbst ‚als Märthyrer' fühlen«[104] würde. Doch so weit sollte es nicht kommen.

Ludwig hatte nun eigentlich erreicht, was er wollte. Er lebte ohne fixe Verpflichtungen die meiste Zeit in Wien und ging unbekümmert seinen Interessen – also gesellschaftlichen Vergnügungen – nach. Von braver Pflichterfüllung und einem konservativen Leben hielt er wenig. Immer wieder setzte er sich über gesellschaftliche Konventionen hinweg und sorgte damit für Kopfschütteln. Dass man in Wien über den außergewöhnlichen Lebensstil des Erzherzogs Bescheid wusste, ohne dass dies zum öffentlichen Skandal gemacht worden wäre, bestätigte Erzherzog Leopold Salvator, der selbst als Außenseiter und schwarzes Schaf galt: »Von seinen Bummeleien wußte ganz Wien, doch sie waren so exzentrisch, daß man mit gutmütigem Lachen darüber sprach. Auch in der Hofburg war Ludwig Victor sehr beliebt, ebenso in den Salons der Hocharistokratie, wo er – klug, galant, lustig und lebensfroh – der beliebteste Gast war.«[105] Ähnlich schilderte ihn 1867 der Schriftsteller Carl-Maria Benkert (unter seinem Künstlernamen Kertbeny): »Von dem jüngsten der kaiserlichen Brüder, Erzherzog Victor, zirkulieren in Wien zahlreiche Bonmots, die man aus seinem Munde gehört haben will. Er gilt als besonders sarkastisch und sehr schlagfertig witzig; vielleicht eine gefährliche Eigenschaft bei einem jungen Mann, ein Mangel an höherer Idealität, die doch sonst der Jugend vorwiegend zukommt. Es ist dies aber auch ein eigenthümlicher junger Herr, schmächtig, wie zu früh aufgeschossen, mit nicht sehr beweglicher Physiognomie, trocken und kurz in der Redeweise, aber allem Anschein nach trotzdem gutmütig, und nicht bloß witzig, auch wohl humoristisch.«[106]

Nur in einem Punkt irrte Leopold Salvator – so beliebt wie als Kind war Ludwig bei Hof nicht mehr. Auch wenn er sich nach seinen ersten

Eskapaden in Salzburg mit seiner Mutter wieder versöhnt hatte, mit der Hofgesellschaft hatte er es sich im Laufe der Zeit mit seinen Extravaganzen verscherzt. Dazu kam, dass seine Sorglosigkeit bzw. Gedankenlosigkeit zunehmend als Herz- und Seelenlosigkeit empfunden wurde. So tanzte er am Tag des Begräbnisses seiner 18-jährigen Cousine Mathilde, die tragisch verbrannt war, nachdem, als sie heimlich rauchte, ihr Kleid Feuer gefangen hatte, ausgelassen auf einer Soirée bei Graf Festetics. Negativhöhepunkt war sicherlich ein Ball, den Ludwig ausgerechnet am 17. Juni 1869 in Kleßheim veranstaltete. Die Hofdamen in Wien waren entsetzt, handelte es sich bei dem Datum doch, wie sie meinten, um den Todestag seines Bruders Max von Mexiko – den Ludwig offenbar vergessen hatte. Sophies Hofdame Therese Fürstenberg schrieb empört an ihre Schwester: »Von Salzburg kam nichts als ein langer Brief von unausgesetzten Unterhaltungen, er hat nicht einmal daran gedacht und am 17. einen Ball gegeben; das übersteigt selbst meine bescheidenen Erwartungen! Ich hätte es nicht für möglich gehalten.«[107] Aktionen wie diese trugen dazu bei, dass Ludwig sich bei Hof immer unbeliebter machte und einige seiner einst größten Verehrerinnen – die Hofdamen seiner Mutter – zu seinen erbittertsten Feindinnen wurden, die sich in ihren Briefen auch kein Blatt mehr vor den Mund nahmen. Verließ Ludwig Wien, sprachen sie von einem Freudentag und verwehrten sich sogar heftig dagegen, wenn man ihnen Sympathien für ihn unterstellte: »Wer hat mich so verläumdet, mit Sympathien für den Kleinen zuzumuthen!! ... Wenn mir jemand unsympathisch ist, so ist es er, und ich vermuthe diese Neigung ist gegenseitig. ... Er hat schon gute Eigenschaften, aber die werden von den xchlechten verschlungen.«[108]

AUS DEN KONFIDENTENBERICHTEN
DES INFORMATIONSBÜROS

Doch was war der Hintergrund dieser zunehmend feindseligen Stimmung gegen den Erzherzog? Immer wieder wird sein »skandalöser« Lebenswandel dafür als Grund genannt. Doch war sein Leben tatsächlich so skandalös? Ein Blick in die Konfidentenberichte, die eine wertvolle Quelle für das »Privatleben« der Mitglieder der kaiserlichen Familie sind, gibt Aufschluss darüber. Denn alle Erzherzoge wurden vom Informationsbüro, einer Abteilung des Außenministeriums mit nachrichtendienstlichem bzw. staatspolizeilichem Charakter, überwacht und der Kaiser stets auf dem Laufenden gehalten. Aus den Spitzelberichten – den so genannten Konfidentenberichten – im Haus-, Hof- und Staatsarchiv geht nicht nur hervor, wer mit wem in näherem Kontakt stand, sondern sie zeichnen auch ein weniger bekanntes Bild der Monarchie. So blieb kein Schritt unbemerkt, kein Kontakt und keine Liaison verborgen und vom Ministerium über den Polizeipräsidenten bis hin zum Kaiser wussten selbstverständlich alle genauestens über jedes einzelne Familienmitglied des Kaiserhauses Bescheid. Der wesentliche Grund für die Bespitzelung der Erzherzoge lag jedoch nicht in der Neugier, wer mit wem ein Verhältnis hatte bzw. welche Prostituierten frequentiert wurden, sondern vor allem in der Tatsache, dass die Erzherzoge, die keinerlei Verhältnis zum Wert des Geldes hatten, gedankenlos Wechsel – eine Art Scheck – unterschrieben, um an Summen zu gelangen, die ihre Apanagen zumeist überstiegen. Dabei betrug die Apanage laut Familienstatut der Habsburger für Brüder des Kaisers 75.000 Gulden (=150.000 Kronen) – ca. 1,5 Millionen € – jährlich, für alle anderen Erzherzoge immerhin noch 45.000 Gulden.[109]

Natürlich war allgemein bekannt, dass die Erzherzoge auch mit großen Beträgen leichtfertig umgingen, was sich einige Damen durchaus zunutze machten. So ist in den Konfidentenberichten eine »Eroberung« Erzherzog Eugens folgendermaßen beschrieben: »Die Anwesenheit des Erzherzogs Eugen bei dem jüngsten Meeting am Turf (Pferderennen) war die Veranlassung, dass daselbst ein Abenteuer vielfach kolportiert wurde, dessen Held der junge und zu Galanterien gegen das schöne Geschlecht auffällig geneigte Erzherzog gewesen sein soll. Bei einem Besuche des Stadttheaters soll der Prinz besonders lebhaft die mimende Jenny Groß acclamiert haben. Dieser sichtliche Ausdruck des Wohlgefallens galt jedoch weniger der fesselnden Darstellung, als der Person der Künstlerin. Es ist nur zu erklärlich, dass Se. Hoheit den Wunsch hegte, dem Fräulein seine Wohlgeneigtheit persönlich ausdrücken zu können. Der wohlerfahrene Obersthofmeister des Prinzen verstand den leise ausgesprochenen Wink, fand bei der Künstlerin ein bereitwilliges Entgegenkommen, doch verlangte diese, dass ihr nebst der Auszeichnung, welche ihr Erzherzog Eugen zudachte, noch 30.000 fl zugeführt werden. Dieses Verlangen brachte an hoher Stelle momentan Verstimmung hervor, da die erzherzogliche Kassa keinen solchen Baarfond aufwies. In ebenso realer als ingeniöser Weise wurde dieser Verlegenheit abgeholfen. Man proponierte dem Fräulein einen Wechsel über diesen Betrag, und nach Empfang dieses Papierchens befand sich Frl. Groß durch einige Stunden der Nacht in der Gesellschaft des Prinzen. Die ganze Affaire kam zur Kenntnis Sr. Hoh. des Erzh. Albrecht, welcher den gemessenen Auftrag erteilte, durch Honorirung des Accepts dasselbe so rasch als möglich zur Vernichtung zu bringen. Von der lebhaften Unterredung, welche Erzherzog Albrecht mit dem jugendlichen Prinzen hatte, scheint sich dieser bereits erholt zu haben, denn wohlgemut und galant sucht er wieder die Gesellschaft jugendfrischer Damen am Rennplatze. In Ergebenheit Lübeck. Mai 83.«[110]

Wenn man bedenkt, dass eine Prostituierte damals für ihre Dienste zwischen 3 und 5 Gulden verlangte, waren 30.000 Gulden ein stolzer

Konfidentenberichte über Erzherzog Ludwig Victor an das Informationsbüro.

Preis. Eugen machte sich darüber offensichtlich jedoch keine größeren Gedanken, brauchte er doch nur einen Wechsel zu unterschreiben, womit die Angelegenheit für ihn erledigt war. Zumeist behielten die Damen die Wechsel, bis ein Abgesandter des Wiener Hofes den Wechsel gegen Bargeld aus dem auch für diese Zwecke zur Verfügung stehenden Allerhöchsten Privat- und Familienfond auslöste. Unangenehm, da weniger diskret wurde die Angelegenheit jedoch, wenn diese Wechsel an Dritte verkauft wurden und somit in Umlauf gerieten. Viele Wechsel gingen auch direkt an Geldverleiher, die den Erzherzogen des Öfteren aus Geldnöten halfen. Die Bespitzelung der Erzherzoge zielte daher auch darauf ab, einen Überblick über von ihnen ausgestellte Wechsel zu wahren, um sie möglichst schnell und möglichst diskret auslösen zu können.

Zahlreiche Einträge gibt es über Kronprinz Rudolf, der nicht nur mehrere Verhältnisse hatte, sondern auch Stammkunde in einigen stadtbekannten Bordellen war. Die mit Abstand meisten Einträge finden sich jedoch über Ludwigs Neffen Erzherzog Otto, der abgesehen von Skandalen wie Saufgelagen und sonstigem »ungebührlichen« Verhalten unzählige Affären hatte. Darunter auch zwei längere, mit der Tänzerin Marie Schleinzer und danach mit der Sängerin Louise Robinson, mit denen er sogar zusammenlebte und jeweils zwei gemeinsame Kinder hatte. Wenig überraschend starb er bereits 1906 an der Syphilis.

Über Erzherzog Ludwig wird – abgesehen davon, dass er in der Auflistung der »offiziellen Maitressen« als Kunde der »Mme Strubecker« eingetragen ist – Folgendes verzeichnet:

»Ludwig Viktor. Erzherzog, dessen Aufenthalt in Salzburg hat in Folge des allgemein bekannten unmoralischen Betragens desselben dem Ansehen der kais. Familie in den Augen der dortigen Bevölkerung ausserordentlich geschadet. Es wird daselbst gesprochen, dass der E.H. bereits impotent sei u. dass man sich daher nicht wundern könne, wenn er sich gerne mit Knaben abgebe und den Zwerg Aschauer öfters zu sich kommen lasse. Man zieht übrigens aus der Erziehung dieses

Prinzen weiter Schlüsse und eben diese sind es, die der ganzen kais. Familie zum größten Nachtheile gereichen. Die Gerüchte über den Erzherzog stützen sich übrigens auf Tatsachen. Der ihm zur Dienstleistung zugeteilte Husaren Oberleut. Emerich Baron Mecsery war wenn nicht der Verführer, so doch der Vermittler der galanten rendezvous für den Erzherzog. Im v. J. hat Baron Mecsery während des Aufenthalts in Salzburg zwei Mädchen aus München für den E.H. verschrieben. Im Hotel waren dieselben als Baroninnen gemeldet u. wurden später mit einer Abfertigung von 600f in ihre Heimat entlassen. Darauf ließ Baron Mecsery die Schauspielerin Bagay aus Gratz kommen.

Diese Skandale sind in der kaiserlichen Familie ruchbar geworden und es scheint daß als der E.H. im Dez. v.J. nach Wien kam u. in der Hofburg wohnte, Baron Mecsery überwacht wurde. Eines morgens wurden auch wirklich zwei Mädchen aus der Wohnung des Baron Mecsery heraus gehen gesehen, worüber die Hofburgwache Rapport erstattete.

Die Folge davon war, daß Baron Mecsery am letzten Dezember oder 1. Jänner von Sr. Majestät den Befehl erhielt, bei seinem Reg. (iment) einzurücken und daß der E.H. sogleich Wien verließ und nach Salzburg zurückkehrte.«[111] Es stellt sich zwar die Frage, ob nicht eher Baron Mecsery derjenige war, der sich mit den genannten Mädchen vergnügte, aber der Zwischenfall sorgte offenbar für Tratsch und Klatsch. Für einen echten Skandal sorgte jedoch eine Einladung, die gegen alle gesellschaftlichen Konventionen verstieß:

»Das Privatleben des E.H. Ludwig Victor fängt an in immer weitern Kreisen Salzburgs Anstoß zu nehmen. Wenn bisher besonders die Beamtenklassen und der gebildete Mittelstand übel auf ihn zu sprechen war, so ist es bezeichnend, wenn nun sogar das Offizierkorps stillschweigend gegen ihn demonstrirt, indem die Mehrzahl es unterläßt ihm die Aufwartung zu machen. So gab der E.H. V. einen Ball auf welchem nur Fräuleins geladen waren ohne jede Aufsicht älterer Personen. So etwas ist in Salzburg nicht erlebt worden ... Man erzählt sich allerlei von dem Tone, der auf diesem Ball geherrscht hat.«[112]

Es ist bezeichnend für die Moral und die gesellschaftlichen Spielregeln dieser Zeit, dass Affären oder Kontakte mit Prostituierten zwar keinen Gefallen fanden, aber toleriert wurden, während Einladungen, die nicht den Konventionen entsprachen, als wahrer Skandal empfunden wurden. Allerdings ausschließlich vom aufstrebenden Bürgertum, das auf tadelloses Benehmen und makellosen moralischen Ruf größten Wert legte, denn die strikte Wahrung des Anstands sollte eine von allen respektierte Stellung innerhalb der Gesellschaft garantieren. In der Aristokratie hatte man derlei nicht nötig und sah die Sache daher wesentlich gelassener. Moralisch hohe Ansprüche galten hier nur für unverheiratete Töchter, bei allen anderen zeigte man sich aufgeschlossen. Gerade Ende des 19. Jahrhunderts bemühte sich der Adel sogar geradezu, durch Extravaganzen und exaltierten Lebensstil aufzufallen. Otto Friedländer, der Chronist der Jahrhundertwende, brachte es auf den Punkt: »Den hohen Aristokratinnen ist jede Freiheit erlaubt: Sie dürfen so schäbig oder so kühn angezogen sein, wie sie wollen, sie dürfen sich laut schreiend unterhalten, die Füße übereinanderschlagen, dass man die halben Waden sieht, sich schminken, Verhältnisse haben. Wenn eine bürgerliche Frau solche Dinge tut, ist sie unmöglich und ist eine ‚Person'. Die Leute, die etwas auf sich halten, verkehren nicht mit ihr und die Lieferanten nehmen sich Vertraulichkeiten heraus.«[113]

Ludwig scherte sich jedenfalls demonstrativ nicht um Konventionen und lebte sein Leben, ohne sich Gedanken über seinen Ruf zu machen. Ausgerechnet aus den geheimen Spitzelberichten ergibt sich jedoch nicht das Bild eines Anstoß erregenden, sondern – vor allem im Vergleich zu anderen Familienmitgliedern – eines geradezu harmlosen und braven Lebens. Umso erstaunlicher ist, dass gerade er als Skandalerzherzog in die Geschichte eingegangen ist. Eine Parallele ergibt sich dabei zu seinem Neffen Kronprinz Rudolf, dessen tragischer Selbstmord 1889 immer wieder mit einer angeblichen Drogensucht sowie mit einer Syphiliserkrankung in Zusammenhang gebracht wird, obwohl die Analyse der Hofrezeptbücher ganz klar ergeben hat, dass

 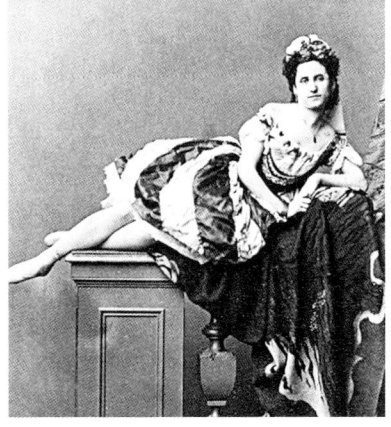

Die international gefeierte Tänzerin Claudine Couqui (auch Cucchi), war angeblich eine Geliebte des Erzherzogs.

weder das eine noch das andere stimmt. Rudolf erhielt im Vergleich zu anderen Mitgliedern der Familie sogar die mit Abstand geringste Verschreibung an heute als Suchtmittel eingestuften Medikamenten wie Morphium, Cannabis, Codein, Cocain und wie im Fall Erzherzog Franz Ferdinands sogar Heroin.[114] Diese Substanzen, vor allem gegen Hals- und Zahnschmerzen oder Husten verschrieben, galten damals als moderne und völlig unbedenkliche Heilmittel und waren auch in öffentlichen Apotheken frei erhältlich. Doch einmal festgesetzte Legenden sind offenbar hartnäckig – was auch auf Ludwig zutrifft.

Die Konfidentenberichte sprechen also dafür, dass Ludwigs Lebensstil zwar luxuriös, extravagant, leichtlebig und sorglos, aber nicht unbedingt als besonders anstößig oder skandalös zu bezeichnen ist. Auf Grund der bisherigen Quellen ging man auch immer davon aus, dass er Frauen rein platonisch verehrte. Aufhorchen ließ ein im Nachlass des Erzherzogs gefundenes Foto der Tänzerin Claudine Couqui, eines Mitglieds des k. u. k. Hofopernballetts, angeblich mit ihrem Dank für die gemeinsam verbrachte Nacht.[115] In ihren Memoiren erwähnt sie Ludwig – im Gegensatz zu Erzherzog Wilhelm – jedoch nicht. Wie auch immer, Ludwigs »Gspusis« sollten nicht als Aufbauschen seines Privatlebens, sondern eher als historisch interessantes gesellschaftliches Phänomen der Zeit der k.u.k. Monarchie gesehen werden, denn Geliebte gehörten in aristokratischen Kreisen zum gelebten Alltag.

GSPUSIS BEI HOF

Kaiser Franz Joseph spielte als Familienoberhaupt eine wichtige Rolle, denn er entschied de facto über das Leben aller seiner Verwandten. Als Monarch hielt er sich strikt an das Familiengesetz und lehnte alle Mesalliancen in seiner Familie ab. Die Betreffenden mussten sich zwischen Familie und Liebe entscheiden und im Fall einer nicht genehmigten Hochzeit offiziell aus der Familie austreten. Dies hatte vor allem den Verlust der kaiserlichen Apanage zur Folge, was viele Habsburger voreilig und unbedacht in Kauf nahmen, da sie keinerlei Vorstellung eines realen Lebens hatten, in dem man für sein Einkommen hart arbeiten musste. Der Wert des Geldes war ihnen überhaupt kein Begriff – erst später bemerkten sie, was das Leben ohne die jährliche Apanage von 150.000 Kronen – umgerechnet ca. 1,5 Millionen Euro im Jahr – tatsächlich bedeutete. Da keiner von ihnen gelernt hatte, etwas zu arbeiten, und sie ja auch keinerlei Ausbildung hatten, lebten diejenigen, die aus der Familie ausgetreten waren, in größter Armut. Solange es jedoch nicht um eine Heirat ging, war Franz Joseph absolut liberal. Eine Verbindung – egal welcher Art – stellte solange kein Problem dar, solange sie nicht »offiziell« wurde, es keine ehelichen Kinder gab und damit keine Erbansprüche. Außereheliche Kinder gab es natürlich genug – diese wurden stets korrekt und großzügig behandelt. Die Mütter erhielten entweder hohe Abfindungen und/oder wurden mit einem gut gestellten Beamten verheiratet, der ihnen und den Kindern ein gesellschaftlich angesehenes und finanziell abgesichertes Leben bieten konnte. Die Kinder erhielten eine gute Ausbildung, die ihnen alle beruflichen Möglichkeiten eröffnete.

Der „schöne Otto". Ludwigs Neffe Erzherzog Otto war ein Sohn Carl Ludwigs und Vater des späteren letzten Kaisers Karl I.

Als Beispiel sei an dieser Stelle Erzherzog Otto, der jüngere Bruder des späteren Thronfolgers Franz Ferdinand, genannt, der mit seinen Geliebten insgesamt vier außereheliche Kinder hatte. Zwei mit der Tänzerin Marie Schleinzer, mit der er in einer Villa, die der Erzherzog in der Anton-Frank-Gasse im 18. Bezirk in Wien gekauft hatte, zusammenlebte. Ottos Frau, Erzherzogin Maria Josefa, wusste natürlich vom außerehelichen »Familienleben« ihres Mannes und widmete sich in erster Linie der Erziehung der gemeinsamen ehelichen Kinder. Es waren dies der 1887 geborene Karl – der spätere letzte österreichische Kaiser Karl I. – und der 1895 geborene Maximilian. Ein enger Vertrauter Ottos, Baron Kielmannsegg, schilderte in seinen Memoiren sogar, dass Otto mit der »hyperklerikalen« Erziehung der ehelichen Kinder nicht einverstanden war und seiner Frau einmal sagte:

»Meine Kinder werden viel besser erzogen als die deinen.«[116] Auch Kaiser Franz Joseph hatte offenbar nichts gegen diese mehr oder weniger öffentlichen Liaison einzuwenden. Als Katharina Schratt ihm erzählte, dass Marie Schleinzer nun Französisch lerne, antwortete er ihr: »Daß Frln. Schleinzer französisch lernen muß, hat mich sehr amusirt. Es kommt vielleicht daher, dass ich ihren Beschützer aufgefordert habe, sich in dieser Sprache zu vervollkommnen und da muß sie wahrscheinlich mitleiden.«[117] Nach einigen gemeinsamen Jahren trennten sich die beiden und Marie Schleinzer, die sehr darunter gelitten hatte, nur die Mätresse eines Erzherzogs zu sein, wurde entsprechend versorgt. Sie heiratete Dr. Julius Hortenau, der als praktischer Arzt in Abbazia lebte. Diese Verbindung war für alle Beteiligten von Vorteil. Marie ermöglichte sie das gesellschaftlich anerkannte Leben einer Ehefrau, womit sie vom Makel einer Geliebten befreit war. Julius Hortenau wurde im Zuge der Eheschließung befördert und erhielt den erblichen Titel »Edler von Hortenau«. Hortenau adoptierte dafür die Kinder Ottos, die damit auch einen Namen hatten, und vererbte den Titel auch an seinen Stiefsohn Alfred. Otto war mit der Heirat wiederum nicht mehr finanziell für seine Geliebte verantwortlich und hatte sogar die Kinder in einer standesgemäßen Familie untergebracht und versorgt und konnte sich somit ohne schlechtes Gewissen seiner neuen Flamme, Louise Robinson, Sängerin im Theater an der Wien, widmen. Louise Robinson war die letzte Geliebte des Erzherzogs, der sich zu dieser Zeit bereits in der spätlatenten Phase seiner Syphiliserkrankung befand und daher nicht mehr ansteckend war.[118] Die gemeinsame Tochter Alice wurde am 21. Juli 1903, ein Jahr später, am 21. August 1904, ihr Sohn Otto geboren.

Das Paar lebte auf Schloss Schönau, wo Louise Robinson den schließlich schwerkranken Otto, bei dem 1906 die tertiäre Phase eingesetzt hatte, auch pflegte. Als Otto am 1. November 1906 starb, hatte er für Louise und ihre Kinder großzügig vorgesorgt. So bestimmte er in seinem Testament, dass sowohl Louise als auch die Kinder jeweils 200.000 Kronen – also insgesamt 400.000 Kronen – ca. 3,5 Millionen

Euro – erhalten sollten. Kaiser Franz Joseph kam dieser Verfügung auch anstandslos nach: »In Erfüllung einer von weiland Meinem Herrn Neffen Erzherzog Otto an letzten Willens statt Mir hinterlassene Bitte beauftrage ich Sie, der Tochter des Gesangslehrers Adolf Robinson in Wien, Louise Robinson für Sie und ihre zwei Kinder Alice Robinson und Otto Robinson eine Summe von insgesammt vierhunderttausend Kronen in Staatrente al pari oder in Baarem aus Meiner Handreservekassa auszuzahlen. Wien, 14. November 1906.«[119] Louise lebte mit ihren Kindern in der Baumannstraße 4 im 3. Bezirk, heiratete später Baron Poglodowski und starb 1934, nachdem sie infolge der Inflation nach dem Ersten Weltkrieg ihr Vermögen verloren hatte, mittellos in einem Wiener Spital – ihre Kinder wanderten in die Vereinigten Staaten aus. Die Spielregeln waren also klar. Solange man seine Leidenschaften diskret lebte, gab es keinerlei Probleme.

Dass Franz Joseph seinem kleinen Bruder jedoch, wie in einer neuen Biografie über Erzherzogin Sophie[120] behauptet wird, erlaubt hätte, ganz offiziell mit einem Geliebten zusammenzuleben, wäre äußerst überraschend. Der Autorin zufolge wäre Ludwig es nach seiner geplatzten Verlobung mit Sophie in Bayern leid gewesen, seine homosexuelle Orientierung zu leugnen, und habe daher die kaiserlich Erlaubnis erhalten, »mit Paul Mehrveldt in Penzing zusammenzuziehen«.[121] Dies wäre absolut außergewöhnlich, impliziert diese Formulierung doch, dass Ludwig explizit die Genehmigung des Kaisers bekommen habe, mit seinem Geliebten zusammenzuziehen. Leider handelt es sich bei dieser Angabe um einen bedauerlichen Irrtum der Autorin, denn im Tagebuch der Erzherzgin Sophie steht tatsächlich etwas ganz anderes. So notierte sie am 10. April 1870: »… Diner alleine mit Baldine (Anm.: Paar, Hofdame Sophies), Octavia und Toni (Anm.: ihrer Tochter Antonia) Merveldt, die sehr aufgeregt sind über Paul, der sehr krank ist und den mein Ludwig zu sich genommen hat.«[122]

»MEIN ARMER PAUL«

Doch wer war besagter Paul Merveldt? K.u.k. Rittmeister Paul Merveldt war der älteste Sohn Maximilian Graf Merveldts und seiner Gemahlin Octavia, der als Adjutant bei Ludwigs Vater Erzherzog Franz Carl bis zu seinem Tod in Diensten gestanden war. Sein ältester Sohn Paul, Jahrgang 1838, folgte dieser Familientradition und wurde 1861/62 Kämmerer bei Erzherzog Ludwig Victor. Da die beiden beinahe gleich alt und vor allem seit Kindertagen über ihre Väter eng befreundet waren, standen sie sich sehr nahe und wurden enge Freunde. Ihr sicher vertrauter Umgang sorgte jedenfalls nicht für großes Aufsehen und muss daher nicht gleich eine homosexuelle Beziehung bedeuten. Dass die beiden eng befreundet waren und Ludwig eine Möglichkeit suchte, Paul ganz offiziell in seiner Nähe zu haben, belegt ein Brief Kaiser Franz Josephs vom September 1881 an seine Mutter, in dem er schreibt: »… Ich bin sehr erfreut, daß Ludwig schon ganz wohl ist und sich nach und nach kräftigt. Wegen Paul Merveldt werde ich mich erkundigen, frage mich aber doch noch einmal an, ob es denn mit dem Baron Gudenus nichts ist. Ich glaube, daß Sie an einen Mann dieses Namens dachten, und ließ Welsersheimb auf die Veränderung unter der Hand mit der Begründung vorbereiten, daß zu Ludwig ein Zivilist kommen solle. Wenn nun wieder ein Offizier bestimmt wird, so ist es schwer, Welsersheimb, dem doch eigentlich nichts vorzuwerfen ist, einen annehmbaren Grund seiner Entfernung zu sagen. Ich bitte daher noch um eine bestimmte Weisung.«[123] Dieser Brief unterstreicht nicht nur, wer in der Familie tatsächlich das Sagen hatte – nämlich Sophie. Der Kaiser, der diese Entscheidungen offiziell treffen musste, richtet sich diesbezüglich ganz nach den Wünschen seiner Mutter –

die offensichtlich Ludwigs Wunschkandidaten durchsetzte, denn Paul Merveldt wurde tatsächlich zu dessen Adjutanten ernannt. Interessant ist außerdem, dass dieser Brief auch eine immer wieder zitierte Legende richtigstellt. So musste kein Adjutant Ludwigs ausgetauscht werden, da es »Probleme« gegeben hätte bzw. gar zu einer Annäherung gekommen wäre. Vielmehr war es so, dass Ludwig seinen Jugendfreund Paul für diese Stelle wollte und sich mit diesem Wunsch mithilfe seiner Mutter auch durchsetzte.

Nachdem Paul Merveldt nach ein paar Jahren seinen Dienst quittierte und in der Cavallerieschule seine Ausbildung zum Rittmeister begann, lebte er auch nicht mehr mit dem Erzherzog zusammen. Dass er 1870 tatsächlich neuerlich mit Ludwig unter einem Dach wohnte, hatte Sophies Tagebucheintrag zufolge ebenfalls keine homosexuelle Beziehung als Ursache – die Hintergründe waren wesentlich dramatischer.

Anfang Juni 1870 machte ein schrecklicher »Unglücksfall« Schlagzeilen. So berichtete das *Wiener Salonblatt* am 5. Juni:

»Den Grafen Paul Merveldt, Rittmeister im Uhlanenregimente Erzherzog Carl Nr. 3 früher Dienstkämmerer bei Sr. kaiserlichen Hoheit dem Herrn Erzherzog Ludwig Victor, gegenwärtig aber Frequentant der Central-Cavallerieschule, hat ein wahrhaft entsetzliches Unglück betroffen. Der junge, allgemein beliebte Cavalier soupierte unlängst im Freundeskreise und da wollte es ein unseliges Geschick, daß der Graf mit einem Glase Wein irgend einen Gegenstand, vielleicht einen kleinen Knochen von einem Geflügel oder einen Obstkern, der durch Zufall unbemerkt in das Weinglas gefallen war, mittrank. Dieser Gegenstand – was es ist, ist zu ermitteln bisher nicht gelungen – blieb in der Kehle des Grafen stecken und alle von dem Leibarzte des Erzherzogs Ludwig Victor und anderen hervorragenden ärztlichen Autoritäten angewandten Versuche, denselben mittelst Operation zu beseitigen, blieben bisher erfolglos. Graf Paul Merveldt befindet sich seit dem gedachten Abende in Penzing in dem Sommerpalais, welches Sr. kais. Hoheit Herr Erzherzog Ludwig Victor bewohnt. Trotz der sorgfältigen Pflege schwebt Graf Merveldt ununterbrochen zwischen

Leben und Sterben, und ist dessen Zustand namentlich seit einigen Tagen ein so ungünstiger, daß man jeden Augenblick sein Verscheiden befürchtet. Graf Paul Merveldt, seit Jahren ein besonderer Liebling des Erzherzogs, dessen Gespiele er schon in zartester Jugend gewesen, ist der Sohn des im Jahre 1859 verstorbenen Grafen Maximilian, k.k. Kämmerers, ... Obersthofmeister beim Erzherzog Franz Carl und der Gräfin Octavia, geborene Gräfin Czernin von Chudenitz. Er ist den 24. April 1838 geboren, k.k. Kämmerer und seit 1866 Besitzer des Militär-Verdienstkreuzes. Ihre Majestät der Kaiser und die Kaiserin, der König und Königin von Neapel, sowie die übrigen hier anwesenden Mitglieder des allerhöchsten Kaiserhauses erschienen Mittwoch persönlich in der Villa in Penzing, um sich nach dem Befinden des Grafen theilnahmsvoll zu erkundigen.«[124]

Zwei Tage später war zu lesen:

»Der Rittmeister Graf Paul Merveldt, welcher vor kurzem heftig erkrankte, weil er bei Gelegenheit eines Diners einen Glas- oder Knochensplitter verschluckte, ist in Penzing gestorben. Erzherzog Ludwig Victor, sowie die Mutter und Schwester des unglücklichen Officiers, wohnten dessen letzten Augenblicken bei. Am Morgen noch waren der Kaiser und die Kaiserin in der Villa in Penzing erschienen, um sich nach dem Befinden des Patienten zu erkundigen. Graf Merveldt war 32 Jahre alt.«[125]

Doch starb der beste Freund des Erzherzogs tatsächlich tragisch an einem verschluckten Knochen?

Die Briefe des Erzherzogs an seine Mutter erzählen eine andere Geschichte. Aus ihnen geht eindeutig hervor, dass Paul Merveldt erst kurz vor seinem Tod Anfang April von Ludwig aufgenommen wurde und nicht schon längere Zeit mit ihm zusammenlebte. Dahinter steckten jedoch weder eine homosexuelle Beziehung noch ein tragischer Unfall. Die Realität scheint wesentlich dramatischer gewesen zu sein, denn die Briefe[126] belegen, dass Paul nicht an einem verschluckten Gegenstand qualvoll erstickte, sondern offenbar an einer heimtückischen Krankheit litt – und starb.

Ludwig hatte in Kleßheim einen eigenen Pool und lud gerne schwimmbegeisterte Freunde – unter anderen die Brüder Merveldt, mit denen er eng befreundet war – ein. Das 1861 entstandene Foto stammt aus der privaten Sammlung der Familie Merveldt.

Ludwigs erster Brief, in dem Paul Merveldt erwähnt wird, stammt vom 23. Mai 1870:

»Liebe, gute Mama! … Wir haben jetzt hier 26° im Schatten und bei dieser Temperatur fuhren wir den Freitag nachdem ich Paul noch gesehen hatte nach Salzburg hin und Samstag Abend war ich wieder bei ihm. Wenn mir diese 20 Stunden Aufenthalt dort nicht so traurig gewesen wären, so hätte man sich nichts schöneres denken können. Alles bei herrlichem Wetter in Blüthe. Die armen Esterhazys, es war schrecklich! Kotz's Hochzeit recht hübsch, die Braut charmant. Vorgestern noch bei Schwarzenberg. Gestern nach den Rennen bei Clam Garten Fest mit Musik und Tanz. Heute machte man beim armen Paul wieder einen Stich doch ganz leicht und geht es ihm gut.«

Ludwig war zum Begräbnis Casimir Esterházys nach Salzburg gefahren, wo auch die Hochzeit seines Adjutanten Wenzel Kotz von Dobr stattfand. Der letzte Satz offenbart, dass sich Paul, der seit Anfang April schwer krank beim Erzherzog lebte, nach wie vor in medizinischer Behandlung befand. Zwei Tage später schrieb er:

»Liebe Mama! Neulich erlaubte ich mir, um Macrons zu telegraphieren, da Paul jetzt die Zwiebackmanie hat. Gestern und heute sind gute Tage und Samstag früh 9 Uhr ziehen wir nach Penzing. Die Rennen gestern bei frischer Luft waren höchst angenehm. Und der Ball den die jungen Herren gaben charmant. Ich blieb nicht bis ans Ende und kam gleich nach dem exzellenten Souper (Zettel liegt bei) doch erst um 4 ¾ Uhr nach Hause …«

Offenbar hatte Paul gute und schlechte Tage, dennoch unterbrach der Erzherzog sein gesellschaftliches Leben nicht, besuchte die Pferderennen im Prater, ging auf Bälle und Soupers und verbrachte täglich mehrere Stunden bei seiner Mutter und den Kindern – all das zumeist in Begleitung seines Adjutanten Stani Hoyos. Um der Hitze der Stadt zu entfliehen, zog er gemeinsam mit Paul »nach Penzing«. Dabei handelte es sich um eine angemietete Villa in der Penzinger Straße 9 – also ganz in der Nähe des Schlosses Schönbrunn –, in der sich heute das Max Reinhardt Seminar befindet. Aus der Villa in Penzing berichtete Ludwig am 29. Mai:

»Liebe Mama! So wie ich gestern und heute telegraphirt hat dem Paul die Übersiedlung im Liegewagen u.z. sogar im Trapp sehr gut angeschlagen. Es war sehr gutes Wetter, weder kalt noch warm. Der Nachmittag hier in dem duftenden blühenden Garten herrlich. Als er nach starkem Überfall seiner armen Mutter, Tante und Schwester einschlief fuhren wir nach Dornbach … und Donnerstag ein sehr gelungener Ball im Gartenappartement bei Clam. Nachdem vorher die letzten Rennen mit sehr vielem Publikum von statten gingen. Die Kaiserin und Marie, allgemein bewundert. Heinrich Lamberg stürzte schrecklich …«

Paul war demnach bereits längere Zeit bettlägrig, hatte jedoch die Übersiedlung gut überstanden. Die ausführliche Schilderung der Pferderennen, Bälle usw. spricht jedoch gegen einen akuten Unglücksfall. Ende Mai verschlechterte sich Pauls Gesundheitszustand dramatisch. Am 31. Mai berichtete Ludwig:

»Liebe Mama! Besten Dank für Telegramm und für Macrons. Leider kann ich dießmahl nichts gutes berichten. Paul hatte einen starken kalten Schweiß und gänzlichen Mangel an Puls in der Nacht von vorgestern auf gestern, wodurch er unendlich geschwächt wurde. Er war gestern früh, kaum zu kennen. Die Ärzte gaben ihn alle s.gleich ganz auf. Doch heute ist er nach einer Operation viel beßer und soll wie vorgestern (was ihn so kindlich freute) an die offene Saalthüre gerollt werden. Sonntag war ich einen Augenblick bei Papa, der Gottlob heute Abend herauskommt, denn ich könnte sonst nicht zu ihm da ich gestern ... nicht einen Augenblick vom Hause mich getraute. Erst Abends um 7 ¾ Uhr war ich Papa auf's Parterre gefolgt und dann allein bei den Kindern. Standhartner findet keine Ansteckung mehr für Paul möglich und so besuche ich sie ...«

Joseph Standhartner, der Leibarzt Kaiserin Elisabeths, war offenbar zu Rate gezogen worden, ob Ludwig die Kinder besuchen dürfe, da sie an Röteln erkrankt waren und Ludwig fürchtete, den Zustand des ohnehin geschwächten Paul verschlimmern zu können, was jedoch nicht (mehr) der Fall war. Denn Pauls Zustand verschlechterte sich von Tag zu Tag. Am 2. Juni schrieb Ludwig:

»Liebe, gute Mama! Dein gestriges Telegramm hat die armen Merveldts sehr gefreut und sie danken dir und T.(ante) Marie unterthänigst dafür sehr und Paul lächelte glücklich als er es erfuhr. Er ist noch unglaublich theilnehmend obwohl der Brand schon eintritt und er weder mehr riecht sieht noch hört. Dabei fühlte er sich viel besser, was immer das Ende sein soll. Die Klosterfrauen meinen heute Abend sei's aus. Beim Versehen war er so fromm und rührend die arme Mutter und Schwester herzzerreißend ...«

Ludwigs schlimmste Befürchtungen bewahrheiteten sich und Paul starb am Tag darauf:

»Liebe Herzensmama! Da sitze ich, in Schmerz aufgelöst und schreibe dir, ich kann sagen neben der theuren Leiche, denn nur die Thüre trennt mich von dem Paradebett. Er ist so schön gestern (Freitag) während des Mittagläutens gestorben. Um 6 Uhr früh ging ich

Mit seinem Jugendfreund Paul Merveldt ließ sich Ludwig einige Male fotografieren: 1864 von Baldi & Würthle in Salzburg und 1861 von Ludwig Angerer spaßhalber in Rückenansicht.

wieder hinein, worauf er um 6 ½ Uhr mich erkannte und mir guten Morgen wünschte. Es war ja das letzemahl! Dann von 7 Uhr an bis 10 Uhr musste ich den Dollmetsch zwischen ihm und den 3 Tauben machen, da Franz von der Agitation so das Blut zum Kopfe hatte, dass er auch nichts verstand. Immer wenn ich etwas verstanden hatte, und auch ergänzte, nickte der liebe Paul dankend. Überhaupt so lange er noch etwas sah ließ er mich nicht aus den Augen. Auch die Familie wollte mich dabei haben, was mich unendlich freute. Toni die ihn die ganze Zeit in den Armen hielt, war bewundernswerth. Eine starke Seele in einem schwachen Körper! Er segnete uns alle mit einem so freundlichen Lächeln …«

Auffallend ist die Schilderung, dass Paul immer schlechter sehen und hören konnte, eine kleine Operation hatte und Wundbrand einsetzte. All diese Symptome machen den Tod infolge des Verschlucken »eines Gegenstandes« eher unwahrscheinlich und sprechen auf den ersten Blick vielmehr für eine Krankheit, die damals weit verbreitet war und alle Gesellschaftsschichten betraf: die Syphilis. Gerade die Parallelen zum Krankheitsverlauf Erzherzog Ottos, der sich erwiesenermaßen um 1900 mit Syphilis infiziert hatte und über mehrere Jahre alle Phasen der Krankheit durchlief, sprechen dafür. Offiziell sprach man von einer Kehlkopfentzündung, die ersten Eintragungen in den Rezeptbüchern der Hofapotheke stammen aus dem Frühjahr 1906. Otto bekam demnach alle damals zur Verfügung stehenden Medikamente gegen Syphilis – eine Heilung war damals jedoch noch nicht möglich. Erst Paul Ehrlichs 1910 entwickeltes arsenhaltiges Medikament Salvarsan war das erste wirksame Mittel gegen Syphilis. Neben hochgiftigen Quecksilberkuren wurden bei den klassischen Spätfolgen der Syphilis – Schleimhauterkrankungen, also Geschwüren im Nasen-, Mund- und Rachenbereich – Sajodin und vor allem Aristol eingesetzt, meist jedoch ohne Erfolg. Ende des Sommers war bereits sein Kehlkopf zerstört, weshalb er auch seine Stimmer verloren hatte und kaum mehr sprechen konnte. Schließlich wurde mittels kleiner Operation ein kleiner Luftröhrenschnitt vorgenommen, damit er nicht erstickte. Diese Tracheotomie machte es notwendig, dass man ihm eine Kanüle in den Kehlkopf setzte, was Otto ungeheure Schmerzen bereitete. Da er auf Grund seiner Erstickungsanfälle nicht mehr liegen konnte, verbrachte er Tag und Nacht in einem Lehnstuhl sitzend und seine Stiefmutter Maria Theresia hielt ihm beim Schlafen stundenlang den Kopf, damit der Kopf nicht nach vorne sinken und die Kanüle nicht verrutschen konnte. In dieser Phase setzte auch der Wundbrand ein und am 1. November 1906 wurde Otto von seinem Leiden erlöst und verstarb mit 41 Jahren.

Die Parallelen sind auffallend und auch der offizielle Partezettel, in dem von einem »längeren Leiden« die Rede ist sowie davon, dass Paul »sanft im Herren entschlafen« sei, spricht gegen einen akuten tragischen Unfall. Um den Grund für die Operation, die wohl den Kehlkopf betraf, zu kaschieren, sprach man von einem Gegenstand, den Paul verschluckt habe und der in der Kehle stecken geblieben sei. Auch alle anderen Symptome, der Wundbrand – ausgelöst durch Geschwüre –, das schlechte Hören und Sehen, wären typisch für die letzte letale Phase der Syphilis.

Die Situation war also offenbar die, dass Ludwig von der dramatischen Verschlechterung des Gesundheitszustandes seines Freundes erfuhr und ihn in dieser letalen Phase der Erkrankung bei sich aufnahm, wo er die beste Pflege erhielt und Ludwig ihm beistehen konnte. Ludwig war lange Zeit tief getroffen vom frühen Tod seines Freundes, in vielen Briefen erwähnte er ihn als seinen guten armen Freund und verschickte Gedenkblätter mit der Bitte, für ihn zu beten: »darf ich dich und Papa bitten diese Gedenkblätter von meinem armen Paul anzunehmen und manchmal für ihn zu bethen.« Über ein Geschenk von Pauls Schwester Toni freute er sich besonders: »...die so touchante (rührende) Freundin Toni gab mir Pauls gemahlte Photographie, die mich überglücklich macht, da sie exzellent ist.«

Das Tagebuch der Erzherzogin lässt jedoch eine ganz andere Möglichkeit denkbar erscheinen. So notierte Sophie am Samstag, dem 23. April, dass Ludwig am Abend ganz glücklich nach der gelungenen Operation einer eitrigen Leberzyste bei Paul, die durch einen »Leberwurm« hervorgerufen worden war, nach Schönbrunn gekommen sei. Demnach wären mehrere Liter grünlicher Flüssigkeit, die »einen ganzen Pferdestallkübel« gefüllt hätten, abgeflossen, allerdings ließ man vorerst die gesetzte Drainage bestehen, um am nächsten Tag weiter Flüssigkeit ableiten zu können. Die Operation wurde von niemand Geringerem als »einem jungen Chirurgen namens Billroth« vorgenommen – allerdings in Anwesenheit des kaiserlichen Leibarztes Standhartner. Die Ärzte zeigten sich am nächsten Tag zufrieden und ein paar Tage später besucht Sophie Octavia Merveldt und berichtete, dass es Paul so gut gehe, wie es nach einer solchen Operation möglich ist. Diese Schilderung lässt vermuten, dass Pauls Leiden mit einer Echinokokkose zusammenhing – einem Hunde- bzw. Fuchsbandwurm. Dieser hat die Ausbildung von Zysten – hauptsächlich in der Leber – zur Folge, die starke Bauchschmerzen hervorrufen. Bei Austritt der Flüssigkeit können die Zysten auch in andere Organe – wie etwa das Gehirn – wandern. Was auch immer der Auslöser war, Paul erholte sich jedenfalls nicht mehr von dieser Operation. Am 31. Mai bestätigt auch Sophie, dass die beiden in die Penzinger Villa übersiedelten und notierte »... da er Gott sei dank heute mit Paul in die Villa in Penzing übersiedelt ist«.

Abgesehen davon, dass es falsch ist, dass die beiden erst jetzt »zusammenzogen«, stand dahinter eben auch keinerlei angebliche Genehmigung des Kaisers. Für diese Behauptung lässt sich in den Quellen kein Beleg finden und sie impliziert damit fälschlicherweise, dass die beiden mit Genehmigung des Kaisers zusammengezogen wären.

Hinter der tragischen Geschichte Paul Merveldts, eines Freundes des Erzherzogs seit Kindertagen, stand also kein homosexuelles Verhältnis der beiden, sondern schlichtweg ein Freundschaftsdienst. Nicht umsonst wurde Ludwig einige Jahre zuvor von seiner Mutter Sophie mit den Worten »qu'il est fidèle ami de ses amis« – dass er ein treuer Freund seiner Freunde sei – charakterisiert.[127] Nichts könnte diese Einschätzung besser unterstreichen als die traurige Geschichte Paul Merveldts.

Ludwig Victor, der immer wieder gerne als höhnisch, zynisch, herzlos und oberflächlich geschildert wird, zeigt sich hier von einer ganz anderen Seite. Großherzig nahm er seinen sterbenden Freund bei sich auf, machte keine große Sache daraus, beklagte niemals egoistisch sein Leid, sondern versuchte mit allen Mitteln und den besten Ärzten, seinem Freund die letzten Tage so angenehm, liebevoll und geborgen wie möglich zu machen. Dass er dennoch gleichzeitig nicht auf sein gesellschaftliches Leben verzichten wollte, ist ein immer wiederkehrender Charakterzug, der seine Mitmenschen irritierte, verstörte und ihn oberflächlich wirken ließ.

Der Tod Paul Merveldts in Ludwig Victors Haus sorgte natürlich für erste Tratschereien – da half es auch wenig, dass man rasch eine »Gegenversion« verbreitete: Es wäre ein tragischer Unglücksfall gewesen, der sich im Hause des Erzherzogs ereignet hätte, deshalb sei Merveldt auch dort behandelt worden.

MÄZEN UND LEBEMANN

TOD DER HERZENSMAMA

Das Jahr 1872 brachte eine neuerliche Zäsur im Leben des Erzherzogs. Am 28. Mai starb Erzherzogin Sophie, seine geliebte Mutter, nach längerer Krankheit. Seit Jahresbeginn hatte sie über anhaltende Verkühlungen geklagt, war immer wieder ans Bett gefesselt. Eine Knieverletzung schränkte sie zusätzlich ein, doch niemand machte sich ernsthafte Sorgen um die agile Erzherzogin. Doch am 11. Mai verschlechterte sich ihr Zustand dramatisch, die Hofärzte wurden gerufen, zur allgemeinen Schwäche kamen Erbrechen, Schüttelfrost, Apathie und starke Kopfschmerzen. Gegen die heftigen Kopfschmerzen war sogar der innere Burghof mit Stroh ausgelegt worden, um den Geräuschpegel so niedrig wie möglich zu halten.[128] Die gesamte Familie eilte an ihr Krankenbett und am 28. Mai verstarb Ludwigs Herzensmama mit 67 Jahren. Ludwig war tief getroffen, da er mit ihr nicht nur einen seiner wichtigsten Lebensmenschen, sondern auch seine einflussreichste Unterstützerin verloren hatte.

Dennoch vergaß er nicht auf die Damen seiner Mutter – die ja über viele Jahre praktisch zur Familie gehört hatten. So schickte er der ehemaligen Hofdame seiner Mutter, Elisabeth Festetics, die schon viele Jahre davor aus dem Dienst ausgeschieden war, um den Grafen Schönfeld zu heiraten, ein Porträt seiner Mutter, das der Fotograf Angerer am Totenbett angefertigt hatte. Begleitet wurde das Foto von einem Brief der Hofdame Baldine Paar: »Liebe Elisa! Erzherzog Ludwig Viktor gab mir für Dich diese Photographie der geliebten Erzherzogin, nach dem Tode gemacht. Diese Photographie, ich hoffe, sie ist Dir nicht unangenehm, finde ich so gut und ähnlich, daß es mir ein großer Trost ist, sie bei mir zu haben und sie immer wieder anzusehen. Erzherzog Ludwig hielt darauf, daß Du auch eine habest, und so beeile ich mich, sie Dir zu senden ...«[129] Wie nah der Familie Elisabeth Festetics stand, zeigt auch die Tatsache, dass sich Ludwigs Bruder Carl darum bemühte, sie in sein Haus zu holen, und sie zur Oberthofmeisterin seiner Frau Erzherzogin Marie Therese machte.

Ludwig war in diesen schweren Tagen derjenige, der sich um seinen Vater kümmerte, indem er ihn zu sich nach Salzburg nahm und einige Tage mit ihm allein zurückgezogen im Schloss Kleßheim verbrachte. Doch der Tod seiner Mutter, zu der er ja ein sehr inniges – auch von Vertrauen geprägtes – Verhältnis gehabt hatte, veränderte Ludwig merklich. Er fiel zunehmend durch schlechte Laune und große Anfälligkeit für alle möglichen Wehwehchen auf. Dabei wurden die Erkrankungen von ihm wohl gerne ziemlich aufgebauscht, um Aufmerksamkeit zu erlangen. Geschichten wie die folgende wiederholten sich für einige Jahre immer wieder: So verlief der Silvesterabend 1888 für die ganze Familie dank Ludwig wieder einmal ziemlich dramatisch, der Gesundheitszustand des Erzherzogs gab wieder Anlass zur Sorge. Franz Joseph war jedoch die Übertreibungen seines kleinen Bruders offenbar schon dermaßen gewohnt, dass er sich nicht mehr groß darüber aufregte – ganz im Gegensatz zu Ludwig selbst, der sein Unwohlsein diesmal ganz besonders theatralisch gestaltete. Franz Joseph berichtete seiner Frau: »Ich aß um 5 Uhr allein und kaum war ich fertig, so kam der Burgpfarrer zu mir, um mir zu melden, daß er eben meinen Bruder Ludwig versehen habe und ihm die letzte Ölung erteilt habe. Er fand aber den Zustand nicht gar so gefährlich. Ihm folgte Wimpfen auf dem Fuße, der sehr ergriffen war und mir erzählte, daß Ludwig, der noch um 9 Uhr mit Karl ganz wohl und lustig bei mir gewesen war, später geschwommen ist und von der Schwimmschule zurückkehrend sich unwohl fühlte, ein fürchterliches Erbrechen, Abführen mit Blutverlust, Krämpfe und Blutleere der Extremitäten bekam und ein solcher Verfall der Kräfte eintrat, daß selbst der Arzt das Versehen anriet. Ich ließ gleich Wiederhofer sagen, er solle zu Ludwig gehen und fuhr selbst hin, fand dort bereits Karl mit Otto,

Marie Josepha und Margarethe, später kam auch Ferdinand. Ich ging zu Ludwig hinein, fand ihn allein, er lag im Bett mit einem Gebetbuche, setzte sich aber gleich auf, war nervös sehr aufgeregt, sprach mit der lautesten, kräftigsten Stimme nur von seinem Tode, nahm Abschied von mir und ließ sich durchaus nicht ausreden, daß er sterben würde, wünschte sogar zu sterben, da er gut vorbereitet sei. Ich blieb nicht lange, um ihn nicht noch mehr aufzuregen und da weiter nichts zu machen war, fuhr ich nach Hause.«[130]

Dass Franz Joseph nicht herzlos war, indem er einfach nach Hause fuhr, sondern seinen offenbar melodramatischen Bruder schon gut kannte, bestätigt auch der weitere Verlauf des Abends: »Nach mir ging noch Gräfin Baldine Paar, auf Ludwigs ausdrücklichen Wunsch zu ihm hinein. Ich empfahl sehr, daß dann Ruhe eintrete. Der Arzt war bereits so beruhigt, daß er gar nicht da war und erst um 9 Uhr wieder kommen sollte. Wiederhofer kam erst, wie ich schon fort war und ließ mir durch Wimpfen beiliegendes schreiben und dann noch sagen, daß es besser geht, er die Gefahr für vorüber betrachtet ...«[131] Wesentlich sarkastischer schilderte Rudolf die Ereignisse seiner Frau Stephanie. Er war zwar am Silvesterabend nicht dabei gewesen, da man ihn nicht informiert hatte, eilte jedoch am kommenden Tag an das Krankenbett seines Onkels und schilderte Stephanie bissig: »... daher erfuhr ich diese Tragödie, die aus kolossalen Eruptionen nach zwei Richtungen zusammengesetzt war, erst heute früh. Ich fuhr sogleich an das Schmerzenslager und fand ihn in einem eleganten Schlafkostüm in einem parfumierten Zimmer wie eine alternde Cocotte aufgebahrt, Wiederhofer und der Burgpfarrer bei ihm; er sieht schwach aus bis auf die Zunge, die hat keine Diarrhöe gehabt, sondern hat noch die Sprechruhr.«[132]

»GROSSER BALL BEI LUDWIG«

Ludwig Victors Trauer verging und die nächsten Jahre waren jedoch wieder von Festlichkeiten in Wien geprägt. Der Erzherzog war als Gastgeber glänzender Bälle und Diners in seinem Element und hatte die gesamte Hocharistokratie zu Gast. So notierte Gräfin Schönfeld in ihrem Tagebuch: »... bin um drei Uhr früh zurückgekommen ... sehr gut unterhalten ... Stephanie, Valerie, Prinzessin Cumberland usw tanzten mit großem Animo. Erzherzog Ludwig war von ausnehmender Liebenswürdigkeit gegen mich ...«[133] Interessant ist, dass sie vor allem die Damen der kaiserlichen Familie nannte, die sonst eher zurückhaltend auftraten und nicht gerade als eifrige Tänzerinnen bekannt waren, nämlich die Kronprinzessin Stephanie sowie die jüngste Tochter des Kaiserpaares, Erzherzogin Marie Valerie. Auch Franz Joseph berichtete in seinen Briefen an Elisabeth all die Jahre von den lustigen Abenden bei Ludwig: »14.1. großer Ball bei Ludwig bis 4 Uhr früh ..., 18. 1. Familiendiner bei Ludwig mit Musik, mit zahlreichen jungen Damen, der Fritz mit 4 Töchtern, die Cumberland mit Tochter, Miana und Elisabeth, Mizzi, Anna und Erszi ..., 7.2. Diner bei Ludwig mit Otto, Maria Josepha, Pauline Metternich, Clotilde Clamm, Obersthofmeisterin Széchenyi, Obersthofmeister Dlauhowetski, Paar und Wimpfen. Es war recht heiter, die Fürstin sehr gesprächig, das Essen sehr gut. Danach gemeinsam zu einem Ball im Rathaus.«[134]

FREUND UND FÖRDERER
DER SCHÖNEN KÜNSTE

Worin sich Ludwig schon immer auffallend von seinen Brüdern unterschieden hatte, war sein Interesse für Kunst und Kultur. Er war belesen, an Kunst interessiert und hatte bereits als junger Mann begonnen eine Sammlung aufzubauen, die selbst für aristokratische Begriffe herausragend war. Ludwig reiste immer wieder nach Italien, interessierte sich für das Land, seine Kultur und seine Künstler. Auch nach München kam er regelmäßig, um die dortigen Kunstausstellungen zu besuchen. Immer wieder erzählte er seinem kaiserlichen Bruder detailreich von seinen Reisen. Doch Franz Joseph, der bekanntlich keinerlei Interesse für Kunst hatte, konnte seine Begeisterung nicht nachvollziehen und meldete Elisabeth immer wieder gewohnt trocken: »Gestern war auch mein Bruder Ludwig bei mir, der Vorgestern von Meran mit eintägigem Aufenthalt in München, angekommen ist. Er war ungeheuer gesprächig …«[135] Seine Sammelleidenschaft beschränkte sich allerdings nicht auf Kunstgegenstände. So verfügte er auch über eine außergewöhnliche Stock- und Schirmsammlung, die Besuchern des Schlosses in Salzburg in besonderer Erinnerung blieben.

Da Ludwig keine dauerhafte oder interessante politische Funktion bekommen und eine militärische Karriere nicht angestrebt hatte, sah er nun endlich eine Möglichkeit, sich in irgendeiner Form einzubringen. So begann er sich in Salzburg als Kunstförderer und Mäzen zumindest am kulturellen Leben zu beteiligen. Er wurde Protector eines neu gegründeten Kunstvereins, der die Förderung des Salzburger Kunstschaffens zum Ziel hatte und schließlich auch zur Entstehung des Künstlerhauses führte. Ludwig hatte Stil, Geschmack und Wissen und schaffte es, sein Image vom verachteten »Party-Prinzen« zur tonangebenden Persönlichkeit in kulturellen Fragen zu wandeln. Max Reversi, ein Zeitgenosse, der eine der ersten Biographien des Erzherzogs verfasste, berichtete, dass der »Freund und Förderer der schönen Künste« vor allem auf dem Gebiet der Malerei und Musik zur führenden Instanz wurde: »Seine Meinung in Kunstfragen galt sogar in Wien als maßgebend.«[136]

Parallel zu seinem gesellschaftlichen Leben begann sich Ludwig nun aber auch sozial zu engagieren. 1896 ernannte ihn Franz Joseph zum Protektor des Roten Kreuzes. Ludwig übernahm diese Stellung zwar von seinem verstorbenen Bruder Carl, doch nachdem Ludwig mit dem Gründer Hans Graf Wilczek gut bekannt und dieser auch immer wieder bei ihm zu Gast war, muss der einflussreiche Graf Ludwig geschätzt haben, denn das Rote Kreuz war sicherlich sein wichtigstes Projekt, und dem Erzherzog diese Funktion zu geben, war nicht nur reine Höflichkeit. Die Funktion war zwar rein repräsentativ, aber Ludwig freute sich über diese doch ehrenvolle Aufgabe, spendete gleich eine schöne Summe und begab sich auf Reisen in viele Teile der Monarchie, um sich ein Bild der Einrichtung und eventueller Möglichkeiten zur Unterstützung, Förderung und Verbesserung zu machen. Sein Engagement fiel in Wien allerdings nicht besonders auf. Ganz anders in Salzburg, wo er sich in diesen Jahren einen Namen als großzügiger Sponsor und Mäzen machte.

SCHLOSS KLESSHEIM

Ludwig war seit 1861 in Salzburg ansässig. Zunächst nur vorübergehend in der Salzburger Residenz, ab 1866 während der Sommermonate in Schloss Kleßheim. Ab den 1880er-Jahren lag jedoch auch sein architektonisches und kulturelles Hauptaugenmerk auf Salzburg – hier konnte er sich völlig frei verwirklichen. Da das barocke Schloss jedoch kaum zu heizen und daher im Winter praktisch nicht bewohnbar war, ließ er sich auf dem Areal 1880 bis 1882 – wieder von Heinrich von Ferstel – ein Winterschloss errichten, das vollständig nach seinen Wünschen gebaut und ausgestattet wurde.[137] Das Schloss zeichnete sich durch jeglichen damals erdenklichen Luxus aus – dazu zählten auch ein Tennisplatz sowie ein Pool inklusive Badehaus. Vor allem der Pool galt auf Grund seiner nierenförmigen Gestaltung – lange vor der Zeit, als das modern wurde – als Inbegriff des extravaganten luxuriösen Geschmacks des Erzherzogs. Extravagant war aber vor allem die Innenausstattung des Schlosses, die durchgängig bis hin zum Tafelservice in blau-weiß gehalten war. Das betraf selbst den Blumenschmuck seiner Tafeln, für die Ludwig ausschließlich Kornblumen verwendete, da sie perfekt zu seinem Service passten. Waren Gäste zum ersten Mal eingeladen, wies er jedoch stets darauf hin, in der Kornblume keine politische Anspielung (sie war das Symbol der Deutschnationalen) zu sehen, es passe leider keine andere Blume zu seinem Service.

Im Kleßheim inszenierte Ludwig auch seine riesige Porzellansammlung, die die Gestaltung mehr oder weniger dominierte, auf außergewöhnliche Weise: »... Die blau-weißen Porzellanhüte, die man auf die Kerzendochte gesetzt hat, der blau-weiße Zigarrenlöscher und die blau-weiße Nagelfeile. An solchen reizenden Spielereien ist das Schloß

Terrasse des Barockschlosses Kleßheim von Fischer von Erlach, das Ludwig ab 1861 als Sommerresidenz und Festschloss nutzte.

reich. Es ist eine bis zum Raffinement vervollkommnete Sammlung solcher nebensächlicher graziöser Ausstattungsartikel. Französische Stiche, Balleteusen, Pikanterien, witzige Sujets. Eine ganze Wand mit den schönsten Damen Europas, berühmten Künstlerinnen und hocharistokratischen Frauen. Das Exil Ludwig Viktors ist wie die Garniwohnung eines reichen Pariser Lebemanns ausgestattet.«[138] Ludwigs hatte seit seiner Jugend Meißner Porzellan gesammelt und nun den passenden Rahmen dafür gefunden: »Meißener Porzellan! Das Herz des Erzherzogs schlägt höher, wenn er das Wort hört; mit wahrer Leidenschaft sammelt er seit seiner Jünglingszeit alles, was aus Meißener Porzellan bereitet wird, Teller und Schüsseln, Töpfe und Vasen, Uhren etc. Horrende Summen hat der Erzherzog bereits dieser Passion geopfert – seine Sammlung dürfte eine der reichhaltigsten der Erde sein. Porzellangeräte überkleiden die Wände, füllen die Türrahmen aus, erheben sich auf den Tischen, streben vom Fußboden empor …«[139]

Die finanziellen Möglichkeiten dafür hängen vermutlich mit dem Tod seiner Stiefgroßmutter Carolina Augusta zusammen, die 1873 verstorben war. Haupterbe war zwar Ludwigs Bruder Carl Ludwig gewesen, mehrere Kodizille verfügten jedoch ein Erbe in der Höhe von 380.000 Gulden – umgerechnet ca. 7,5 Mio Euro.[140] Hinzu kamen das Erbe seiner 1872 verstorbenen Mutter sowie das seines Vaters, der 1878 verstorben war. Nicht zu vergessen sei auch sein 1864 verstorbener Taufpate Erzherzog Ludwig Joseph, der in seinem Testament festgehalten hatte, dass Ludwig auch Objekte aus dem Nachlass des berühmten Kunstsammlers und Gründers der Wiener Albertina, Albert von Sachsen-Teschen, erben sollte.[141] Ludwig verfügte demnach abgesehen von seiner jährlichen Apanage als Erzherzog über ein sicher recht beträchtliches Vermögen sowie als einziger der Brüder, der sich für Kunst interessierte, zumindest über einen Teil der privaten Kunstsammlungen einiger verstorbener Verwandten. Bekannt ist derzeit zwar nur, dass Ludwig die Gemäldesammlung seines Vaters erbte. Da sich in seinem Nachlass jedoch auch kostbare Stücke befanden, die eben auf Albert von Sachsen-Teschen sowie auf seine Tante Marie-Louise, die mit Napoleon verheiratet gewesen war, zurückgehen, ist nicht auszuschließen, dass er aus diesen Sammlungen mehrere Stücke erbte.[142]

Wie ernsthaft sein Kunstinteresse oder wie profund seine Kenntnisse waren bzw. ob es über das Ziel des Dekorativen hinausging, war umstritten. Während einige Zeitgenossen ihn als Kunstkenner und Sammler rühmten, waren andere überzeugt davon, dass sein Interesse nur oberflächlich war. Eduard Leisching, der Direktor des Österreichischen Museums für Kunst und Industrie, erinnerte sich: »Ins Österreichische Museum kam Ludwig Viktor häufig, aber der nervöse Herr durcheilte die Säle stets so rasch, daß er immer das Haus schon wieder verlassen hatte, ehe der diensthabende Beamte seiner habhaft werden konnte; wobei übrigens nicht viel verloren war, denn außer einem meist ganz gewöhnlichen Witzwort bekam man von dem gar nicht geistesschwachen Mann nichts zu hören, und wenn er eine Frage stellte, wartete er nie die Antwort ab.«[143]

Ludwig fühlte sich nun in Salzburg wohl. Hier konnte er ein zurückgezogenes und doch gleichzeitig gesellschaftlich aktives Leben führen. Schloss und Park waren öffentlich nicht zugänglich, in dieser Hinsicht machte der Erzherzog nur zwei Ausnahmen: 1899 stellte er sein Anwesen für ein Wohltätigkeitsfest zur Verfügung, das zugunsten der Opfer der großen Überschwemmungskatastrophe des Jahres 1899 veranstaltet wurde. 1901 wurde der Park noch einmal für ein Kinderfest geöffnet, zu dem die Schuljugend von Siezenheim geladen war. Abgesehen davon entschied er allein, wer Zutritt bekam und eingeladen wurde. Das ermöglichte ihm ein völlig unbeschwertes Leben, da er sich nur mit Menschen umgeben konnte, die ihm sympathisch waren. Selbstverständlich war er auch in Salzburg ein begehrter Gastgeber, denn er brachte definitiv Schwung in das gesellschaftliche Leben und ermöglichte es durch die strikt exklusiven Runden, dass seine Gäste bei ihm vielleicht ausgelassener feierten also sonst. So berichtete Graf Wilczek überrascht über seine Tante: »Sie war auch oft beim Erzherzog Ludwig Viktor in Klesheim zu Gast, wo sie bei besonderen Gelegenheiten in spanischem Kostüm einen andalusischen Ole oder einen Fandango tanzte.«[144]

So unbeliebt und geziert Ludwig in Wien war, so beliebt machte er sich in den folgenden Jahren in Salzburg, wo er sich ganz im Unterschied zur Kaiserstadt einfach und natürlich gab: »Der Erzherzog, in seinem Äußeren der typische Habsburger, war ein äußerst liebenswürdiger Herr mit vielen geselligen Talenten, ein treuer Freund seiner Freunde, freigiebig, einfach und natürlich im Verkehr, ohne jede prinzliche Pose.«[145] Doch hier in Salzburg war er nicht mehr nur Gastgeber und Unterhalter, sondern trat vor allem als großer Förderer in Erscheinung.[146] So förderte er neben dem Städtischen Museum Carolino Augusteum (heute Salzburg Museum) den Salzburger Kunstverein, dessen Protektorat er bis an sein Lebensende behielt. Er war maßgeblich an der Errichtung des 1885 fertiggestellten Künstlerhauses beteiligt und unterstützte das Haus auch in den folgenden Jahren immer wieder großzügig. Neben seiner Förderung vieler kultureller Einrichtungen engagierte er sich auch ganz besonders auf dem Gebiet der Kinderförderung und Schulbildung. So finanzierte er den Bau der Volksschule in Siezenheim und spendete jährlich große Summen für die Vinzenzvereine. Daneben unterstützte er unzählige kleinere Vereine vom Seidenbau-Verein bis zur Zentralanstalt für Fischzucht in Salzburg.

Ludwig machte sich bei der Bevölkerung dadurch beliebt, dass er keinerlei Standesdünkel zeigte. So unterhielt er sich mit den Bauern am Feld und mit Handwerkern auf der Straße und zollte ihnen Respekt für ihre Arbeit: »Wahrhaft wohl fühlte er sich nur in Kleßheim unter seinen Bauern. Es ist ein merkwürdiger Gegensatz, der sich im Charakter dieses Prinzen offenbart: auf der einen Seite streng exklusiv, in seiner Anschauungsweise ein Hochtory (Anm.: Aristokrat), schwärmt er auf der anderen für den Bauernstand. Von Jugend auf schon zeigte sich diese Vorliebe für das Landleben und die Landleute, und in militärischer Uniform durchstreifte der Prinz Felder und Fluren, unterhielt sich mit den Bauern auf dem Felde und kam nicht selten in deren Häuser … Zu einzelnen Bauern im Salzburgischen trat der hochgeborene Prinz in geradezu freundschaftliche Beziehungen, so zum Rainbauern Johann Ramsauer in Lugötz … Den Bauern half der Erzherzog immer ihre Schullasten tragen. Er fehlte fast nie, wenn es galt, für ein neues Schulhaus beizusteuern oder eine Christbaumfeier in einer Schule zu ermöglichen. «[147]

Viele Jahre lang gab es auch die Tradition, dass der Erzherzog am Nikolaustag mit seiner Kutsche bzw. seinem Schlitten durch Siezenheim fuhr und in großer Fülle Bonbons und Geld »unter die Jugend warf« und sich daran erfreute, wie sich die jungen Menschen »darum balgten«[148]. Als es jedoch dazu kam, dass die Erwachsenen die Kinder beim Einsammeln der Geldstücke beiseitedrängten, stellte Ludwig diese Tradition ein. Dennoch steht fest, dass Ludwig für Salzburg und die Bevölkerung mehr getan hat als jedes andere Mitglied der Familie Habsburg. Man wusste diese Verdienste auch zu schätzen und so wurde er 1901, vierzig Jahre nach seinem ersten Erscheinen in Salzburg, öffentlich geehrt, indem man die Lehener Brücke nach ihm benannte. Auch der Alte Markt erhielt bis 1927 den Namen Ludwig-Viktor-Platz, um an das Wirken des Erzherzogs zu erinnern. Und nicht zuletzt geht auch das Denkmal für Kaiserin Elisabeth auf eine Initiative Ludwigs zurück. Er beauftragte Edmund Hellmer mit der Gestaltung und war bei der feierlichen Einweihung im Jahre 1901 persönlich anwesend.

SKANDALE UND FEHDEN

»ÜBERALL WAREN SEINE KABALEN GEFÜRCHTET …«

Während Ludwig in Salzburg als höflich, umgänglich und leutselig galt, wurde er in Wien seinen Ruf als hochmütiger und gezierter Intrigant nicht mehr los. Immer wieder soll er über andere gelästert und hochmütige Bemerkungen gemacht haben. So erinnerte sich Glaise-Horstenau: »In der Tat war er immer von äußerst exklusiven Gefühlen beseelt. Ich hörte ihn selbst einmal näselnd sagen: ‚Da war viel Familie anwesend, Windischgrätz, Liechtenstein, Chotek.' Er fühlte sich durch Vertreter dieser uralten Häuser, die in die Dynastie hineingeheiratet hatten, als Prinz von Geblüt irgendwie ‚derangiert'«[149]. Ähnlich urteilte Heinrich Baltazzi: »Ganz anders geartet war der jüngste Bruder Franz Josephs, Erzherzog Ludwig Victor. Von der Natur etwas stiefmütterlich behandelt, war dieser von etwas schwächlicher Erscheinung. Um die erste Zeit der großen Rennen in der Engerau in Pozsony (Pressburg) verkehrte er oft ungezwungen mit meinen Onkeln Alexander, Hector und Aristides sowie mit Tante Helene und Bibi. In jeder Gesellschaft ein hochintelligenter Intrigant, war er nur bei ältlichen Erzherzoginnen und Damen beliebt, da er sich ihnen gegenüber wie ein eifriger Courmacher benahm; meist suchte er in jeder anderen Gesellschaft durch ein hochmütiges, geziertes Benehmen sich selbst zu bestätigen. Überall, selbst in des Kaisers Nähe, waren seine Kabalen gefürchtet.«[150] Noch härter urteilte Nora Fugger, die bekanntlich keine Freundin des Erzherzogs war: »Vor ihm mußten sich alle hüten … er war schwächlich, unmännlich, geziert und von garstigem Aussehen … seine Zunge war scharf wie eine Giftschlange. In alles mischte er sich ein, spann daraus Intrigen und freute sich, wenn kleine Skandälchen daraus wurden. Man hatte allen Grund, seine Indiskretionen zu fürchten …«[151]

Mit seinen boshaften Bemerkungen, Indiskretionen und Intrigen machte er sich zunehmend Feinde. Selbst viele seiner ehemals engsten Vertrauten wurden im Laufe der Jahre zu seinen erbittertsten Gegnern. Dazu zählte auch seine von ihm eigentlich verehrte Schwägerin Kaiserin Elisabeth, die viele Jahre lang in ihm einen Vertrauten gesehen hatte. Doch durch eine – bis heute unbekannte – Indiskretion oder Unwahrheit verletzte er sie so schwer, dass er sich ihren lebenslangen Hass zuzog.

Elisabeth rächte sich auf ihre Art und verarbeitete ihre Abneigung in ihren bissigen Spottgedichten über die kaiserliche Familie:

FAMILIENMAHL[152]

Auf Titania, schmücke dich
Heut mit Diamanten!
Sonntag ist's, es nahen sich
Wieder die Verwandten.
…
Oberon im Feensaal
Winket schon den Gästen
Die sich dem Familienmahl
Nah'n von Ost und Westen

Erster zu erscheinen pflegt
Ob'rons jüngster Bruder;
(Und der grosse Erdball trägt
Kein solch' zweites Luder).

In dem kränklich schlaffen Leib
Herrscht ein äffisch Wesen;
Lügen ist stets Zeitvertreib
Ihm und Pflicht gewesen.

Ehrabschneiden zum Metier
Hat er sich erkoren;
Drum, wer ihm verfällt, dem weh!
Der hat schon verloren.

ZU OBERONS WIEGENFEST[153]
II

»Heute will ich Dich zerstreuen«,
Spricht Titania zum Gemahl;
»Denn ich weiss, Dich kann nicht freuen
Deiner Jahre hohe Zahl.

Muss Dich leider embetieren
Der Familie grosser Chor,
Stell' ich, Dich zu divertieren,
Sie als Tiere dann Dir vor.
…
Ekelhaft ist mir der Affe,
Boshaft, wie kein andres Vieh;
Solcher Tag scheint wahre Strafe,
Seh' ich ihn, den ich sonst flieh'.

Hässlich wie es anzuschauen,
Ist sein Maul auch lasterhaft,
Stets erfasst mich innres Grauen
Trifft mich seine Nachbarschaft.

Dass hinter dem Zerwürfnis mit der Kaiserin tatsächlich die Gerüchte um ihre Affäre mit ihrem Reitlehrer George »Bay« Middleton standen, ist jedoch unwahrscheinlich, denn Elisabeth lernte Bay Middleton erst 1874 kennen, das Zerwürfnis mit Ludwig Victor muss jedoch schon viel früher, nämlich spätestens 1871 erfolgt sein, wie das Tagebuch ihrer Hofdame Marie Festetics belegt. Denn bereits bei ihrem Dienstantritt zu Beginn des Jahres 1872 machte Marie Festetics die eher unangenehme Bekanntschaft mit dem Erzherzog, der damals offenbar schon mit Elisabeth »verfeindet« war. Bei ihrer offiziellen

Vorstellung als neue Hofdame verhielt sich Ludwig ihr gegenüber demonstrativ unhöflich. Erzherzogin Sophie hatte sie schon bewusst kühl mit einem knappen Kopfnicken zur Kenntnis genommen, um sofort auf das herzlichste die Gräfin Schaffgotsch zu begrüßen, die im Rang weit unter Marie Festetics stand. »... Unmittelbar darauf erschien Erzherzog Ludwig Victor mit Baldine Paar in meiner Nachbarschaft und ostensible laut sagte er Baldine: ‚Machen Sie mich bitte mit Gräfin Schaffgotsch bekannt!' Was auch geschah. Er unterhielt sich laut und lang mit ihr, blieb Baldine zuwendend stehen, und als er

Erzherzog Ludwig mit Freunden, vermutlich bei Proben für ein Theaterstück. Foto von Ludwig Angerer aus der Sammlung der Familie Merveldt.

fertig war, machte sie Miene, dasselbe bei mir zu thun. Er schüttelte den Kopf, maß mich vom Scheitel zur Sohle, machte faßt eine Grimasse und wendete mir den Rücken. Ich glaube, ich lächelte, aber im Moment war ich sehr verletzt ... Die Kaiserin ... fragte, ob es mich kränkt? Ich sagte ‚Nein, eher ärgern.' Worauf Sie sagte: ‚Daran muß man sich gewöhnen, wenn jemand zu mir hält, dann wird dieser hier gejagt.'«[154]

Diese Geschichte lässt vermuten, dass sich Ludwig im Streit oder besser im Machtkampf seiner Mutter mit Kaiserin Elisabeth eindeutig hinter seine Herzensmama gestellt und sich damit Elisabeths Feindschaft zugezogen hatte. Auch Marie Valerie war der Meinung, dass der Zwist der beiden Frauen dahintersteckte, und notierte 1891 in ihrem Tagebuch: »... Jedenfalls ist Onkel Ludwig Viktors fast fanatische Liebe und Verehrung seiner Mutter ein schöner Zug – aber eben aus dieser grossen Verehrung entspringt vielleicht zum Teil seine fast gehässige Erbitterung gegen Mama, die sich fortwährend in mehr oder minder deutlichen Bemerkungen, Sticheleien und Andeutungen Luft macht.«[155] Das Tagebuch von Elisabeths Hofdame Gräfin Festetics ist auch eine gute Quelle für den Charakter der Intrigen, mit denen sich Ludwig bei Hof unbeliebt machte. Einige Monate später – Marie hatte den Erzherzog noch immer nicht »offiziell« kennengelernt – kam eines Tages der kleine Kronprinz Rudolf zu ihr: »Neulich hüpfte der Kronprinz, der ganz allerliebst ist, um mich herum und sagte ganz freimütig: ‚Wie kömmt es denn, daß Sie Onkel Ludwig Victor nicht kennen?' – ‚Woher wissen das kaiserliche Hoheit', fragte ich. ‚Der Oncle hat es mir selbst gesagt. Ich habe ihm erzählt, daß ich Sie gerne habe und daß Sie so unterhaltend seien, und da sagte er, er bedauere sehr, aber Sie wären so unfreundlich gewesen, sich nicht vorstellen zu lassen.'«[156]

Auch wenn Marie Festetics als Elisabeths treu ergebene Hofdame sicherlich nicht unvoreingenommen war – Ludwigs Variante, dass sie sich ihm nicht vorstellen lassen wollte, ist absolut unglaubwürdig, da dies ein beispielloser Affront und sicher das Ende ihrer Hofdamenkarriere gewesen wäre. Bei Marie Festetics ist überhaupt viel von der mitunter falschen und verlogenen Hofgesellschaft zu lesen. So notierte sie anlässlich eines Besuches bei Graf Andrássy und seiner Frau: »… Ich komme mir wie der heilige Laurenzius vor: Auf einer Seite röstet man mich, auf der anderen friere ich. Und warum? Weil ich zu ‚Ihr' halte und die dummen Tratsche und Lügen nicht goutiren kann. Sie thut doch gar nichts Unrechtes und das wißen alle und sind doch gleich dabei, von ‚rendez vous' etc. zu sprechen und mich zu fragen. Was mich am meisten ärgert: Die alten Hofdamen meckern viel, und wenn sie Sie sehen, sind Sie seelig und neigen sich und beugen sich. Gerade so ist der Erzherzog Ludwig Victor, alle Augenblick eine Grauslichkeit, Äußerung über diesen oder jenen von ‚Ihr', die eigentlich nie über jemanden etwas sagt … Sie erzählte mir auch, fragte mich, ob ich auch gehört, daß der Erzherzog erzählt habe, Sie hätte sich sehr unpaßend benommen im Prater und hätte ein rendez vous gehabt. Ich sagte, nein, ich hätte das nicht gehört. Da sagte Sie: ‚Vielleicht ist es auch gar nicht wahr, von ihm hätte es mich zu recht gewundert, er hat noch böseres von mir gesagt, aber vielleicht hat man das erfunden. Von mir sagt man so viel was erlogen ist, daß ich wirklich nur mehr glaube, was ich selbst höre.'«[157]

Kurze Zeit darauf erklärte ihr Elisabeth das Zerwürfnis mit dem Erzherzog folgendermaßen: »Neulich hat sie mir gesagt, Erzherzog Ludwig Victor hatte Ihr, um Sie zu ärgern, getreu alles wieder erzählt, was die Leute über Sie lügen … ‚Natürlich haßt er mich und mich will er damit treffen, aber ich sehe ihn nie wieder allein und ich empfange ihn nicht. Er hat so viel getratscht und gelogen, daß er mein Leben ganz verdarb. Gegen jeden sprach er und auch über mich redete er schlecht. Er erzählte häßliche Dinge und dann behauptete er, ich hätte es gesagt. Also sehe ich ihn nicht und lebe ruhig, und er kann nicht behaupten, daß ich etwas gesagt oder versprochen hätte oder ihn mit diesem oder jenem beauftragt hätte, weil das auch eine Angewohnheit von ihm ist, in der Familie zu erzählen, daß ich ihnen durch ihn befehlen lasse. Freilich werde ich dann auch dafür gehasst.'«[158]

Doch Elisabeth blieb nicht die einzige Vertraute, mit der er es sich durch seine Klatschsucht verscherzte.

DER SKANDAL UM LOUISE COBURG

1897 wurde Ludwig Victor in einen Skandal verwickelt, der nicht nur in Wien, sondern ganz Europa für Aufregung, Entsetzen und Erschütterung sorgte: die Affäre um Louise Coburg, die Schwester der Kronprinzessin Stephanie, die mit Philipp Prinz Coburg verheiratet war. Die Ehe war keine glückliche, sowohl Philipp als auch Louise hatten beide zahlreiche Geliebte und lebten quasi ein Parallelleben. Das wäre kein großes Problem gewesen, doch die Tochter des belgischen Königs wagte es, gegen die geltenden gesellschaftlichen Spielregeln zu verstoßen, und zog sich damit nicht nur die Verachtung der Aristokratie, sondern auch Verfolgung durch das Wiener Kaiserhaus zu. Ihr Verhältnis mit dem kroatischen Grafen Géza Mattachich bzw. die Konsequenzen, die die beiden zu tragen hatten, entwickelten sich zu einem europäischen Skandal, der über Jahre auch die internationale Presse und sogar Politik bestimmen sollte. Vor Mattachich hatte Louise schon Affären mit Baron Daniel d'Ablaing van Giessenburg (1847–1888), einem Adjutanten ihres Mannes, und danach mit dessen Nachfolger, Baron Miklós Döry de Jobaháza, gehabt.

Den Usancen der Aristokratie entsprechend, verliefen diese Affären jedoch diskret und daher gesellschaftlich völlig akzeptiert. Man darf nicht vergessen, dass Ehen in diesen Kreisen damals ausschließlich aus dynastischen Gründen geschlossen wurden und Treue unter Ehepartnern niemals vorausgesetzt oder gar verlangt wurde – jedoch nur solange diese Affären nicht öffentlich und somit nicht kompromittierend für den Ehepartner gelebt wurden. Männern wurde dabei ein weitaus größerer Spielraum zugebilligt, ein Ausflug in ein Separée im Sacher oder in ein Vorstadtlokal war kein Problem für Männer,

Frauen durften sich hingegen niemals in der Öffentlichkeit blicken lassen. Für intime Zweisamkeit wurden daher Wohnungen – meist in der Vorstadt – angemietet, in denen man sich ungesehen treffen konnte. Dieser kleine, aber feine Unterschied sollte Louise auch zum Verhängnis werden. Denn anders als bei ihren bisherigen Affären verliebte sich Louise ernsthaft und es entwickelte sich eine Liebesbeziehung. Das war an sich noch nichts Besonderes, so schrieb auch Felix Salten, der damals als Feuilletonist für *Die Zeit* arbeitete, dass daran noch nichts Außergewöhnliches war und sogar »… am Anfang nur wenig originell. Denn dass es Prinzessinnen gibt, die ihr Herz an junge Reiteroffiziere hängen, ist weder neu noch fesselnd genug. Es brauchen sogar nicht einmal Offiziere zu sein. Wir haben in diesem Punkt schon manches gehört, und sind so leicht nicht zu verblüffen.«[159]

In ihren Memoiren behauptete Louise später, dass sie just zu diesem Zeitpunkt von Ludwig Victor verehrt wurde, er ihr Blumen und Geschenke schickte, sie sich jedoch über ihren Verehrer lustig gemacht habe. Der tief gekränkte Erzherzog habe sogleich zum Gegenschlag ausgeholt und sich gerächt, indem er Louise bei seinem kaiserliche Bruder anschwärzte und behauptete, Louise sei mit Mattachich öffentlich aufgetreten – was gegen alle Spielregeln verstoßen hätte. Ob tatsächlich Ludwig Victor hinter dem Verrat oder der Intrige steckte, bleibt ungewiss. Franz Joseph schrieb seiner Frau Kaiserin Elisabeth, die auf Reisen war und ihn brieflich nach dem Skandal fragte, von dem sie in der Zeitung gelesen hatte, dass es nicht so wäre, wie die Skandalblätter behaupteten, aber dennoch unangenehm für die kaiserliche Familie, da ja Louise die Schwester der verwitweten Kronprinzessin wäre. Da die Angelegenheit zu langwierig sei, um sie schriftlich zu erzählen, kündigte Franz Joseph nur an, der Kaiserin bei ihrer Rückkehr alles mündlich zu berichten. Seinen Bruder Ludwig erwähnte er jedenfalls nicht, daher muss offenbleiben, ob es tatsächlich der Erzherzog war, der die Affäre ins Rollen brachte.

Louise wurde laut eigenen Angaben zum Kaiser zitiert – eine Begebenheit, die Franz Joseph in keinem seiner Briefe – weder an Elisabeth

Die Schwester der Kronprinzessin Stephanie, Luise von Belgien, mit ihrem Gemahl Philipp von Coburg.

noch an Katharina Schratt – erwähnt. Vom Kaiser angeblich zur Rede gestellt, versuchte sie sich gegen die Verleumdungen Ludwig Victors zu wehren. Franz Joseph sei, da er durch die verwandtschaftlichen Beziehungen um den Ruf der Dynastie besorgt war, unerbittlich gewesen und hätte ihr nahegelegt, sich für einige Zeit aus der Gesellschaft zurückzuziehen, womit er ihr durch die Blume untersagte, offiziell bei Hof zu erscheinen: »Madame, das geht mich gar nichts an. Sie haben einen Gatten, und das ist seine Sache und nicht meine. Ich glaube nur, dass Sie gut daran täten, jetzt auf Reisen zu gehen, und ich bedaure, dass Sie verhindert sein werden, zum nächsten Ball bei Hof zu erscheinen.«¹⁶⁰ Louise bat nun ihren Mann, ihren Ruf und ihre Ehre zu retten, indem er sich mit Ludwig Victor duelliere. Philipp Coburg habe jedoch nur gemeint, dass er, wenn sie sich schon die kaiserliche Gnade verscherzt hätte, keine Lust habe, die ihm zugewandte Gunst auch zu verlieren, indem er sich mit dem Bruder des Kaisers duelliere. Ob dieses erwähnte Duell zwischen Ludwig und Philipp Coburg tatsächlich ein Thema war, ist ungewiss. Louise beschloss jedenfalls, sich zu ihrer Liebe zu bekennen und ganz offen zu Mattachich zu stehen. Vor den Augen des Hofes und der Wiener Gesellschaft war das freilich unmöglich und so reiste das Paar zunächst an die Côte d'Azur und von dort weiter nach Paris, wo sie, wie Louise es formulierte, ein »standesgemäßes« Leben führten. Dass sie kein Geld hatten, beunruhigte sie zu diesem Zeitpunkt nicht im Geringsten – sie war ja die Tochter König Leopolds II. von Belgien, der als persönlicher Eigentümer des Kongo-Freistaates einer der reichsten Monarchen der Welt war –, und sie ging ganz selbstverständlich davon aus, dass ihr Vater ihren Lebensunterhalt bestreiten würde. Das Paar lebte auf Kredit und machte Schulden in Millionenhöhe – angeblich 12 Millionen Gulden. Doch Louise hatte nicht damit gerechnet, dass sie bitter dafür bezahlen würde müssen, die damals geltenden gesellschaftlichen Spielregeln gebrochen und auch für sich in Anspruch genommen zu haben, was für Männer selbstverständlich war.

Franz Joseph, der diesen Skandal nicht tolerieren konnte, informierte Louises Vater, der sich von seiner Tochter distanzierte und sich strikt weigerte, sie finanziell zu unterstützen. Vor allem aber brachte sie ihr Mann, der nun ernsthaft um »sein« Vermögen fürchtete, in ernsthafte Schwierigkeiten. Eine Trennung oder Scheidung hätte für Philipp Coburg den Verlust ihres belgischen Erbes mit sich gebracht, also wurden größere Geschütze aufgefahren. Zu Coburgs »Ehrenrettung« sollte ein Duell verhelfen, das nun tatsächlich im Februar 1898 in Gegenwart von Zeugen, die Franz Joseph bestimmt hatte, in Wien in der Manege der Kavalleriekaserne stattfand. Mattachich, der der bessere Schütze war, schoss zweimal in die Luft, während Coburg zweimal auf den Leutnant zielte, ihn aber verfehlte. Daraufhin ging man zu Säbeln über, wobei der Graf wieder danach trachtete, den General zu schonen, und ihn nur durch einen leichten Hieb an der Hand verletzte. Diese Schmach verstärkte jedoch nur den Hass des Prinzen und er holte schließlich zum vernichtenden Schlag gegen das Paar aus.

Drei Wochen nach dem Duell wurde Mattachich beschuldigt, zwei Wechsel gefälscht zu haben. Der eine war von Louise unterschrieben, der andere trug jedoch die tatsächlich gefälschte Unterschrift von Louises Schwester, Kronprinzessin Stephanie. Niemand zweifelte daran, dass Louise, die ja mittlerweile mittellos dastand, die Unterschrift gefälscht hatte. Franz Joseph berichtete der Kaiserin entsetzt dass er »beim armen Philipp war, der doch recht schwer verwundet ist und den Arm in der Schlinge trägt. Er hat jetzt mit seinem Scheidungs Proceße zu thun und ist durch die unglaublichsten Schweinereien seiner Frau, falsche Wechsel etc -, Angelegenheiten, die auch mich jetzt sehr beschäftigen, sehr gedrückt. Es wäre zu lang das Alles schriftlich zu erzählen und es ist mir nur darum zu thun, Stéphanie, die gar nicht compromittirt ist, aus der ganzen schmutzigen Geschichte heraus zu halten. Eigentlich ist es ein Glück, daß sie eben jetzt krank ist und unser Vorgehen nicht stören kann …«[161] Was nun folgte, war ein Skandal, der über Jahre hinweg ganz Europa beschäftigte – und zwar nicht nur die Gesellschaftsberichterstatter, sondern auch führende Journalisten – und Juristen.

Louise und ihr Geliebter wurden für vogelfrei erklärt und flohen daraufhin auf Schloss Keglevich in Agram, in dem Mattachichs Mutter mit ihrem zweiten Mann lebte. Mattachich dachte, dass sie hier sicher wären, doch er hatte sich getäuscht. Die beiden wurden quasi belagert, da man jedoch kein allzu großes Aufsehen erregen und sie daher nicht im Schloss verhaften wollte, erhielt Mattachich den militärischen Befehl, sich sofort in Agram zu melden, dem er sich nicht widersetzen konnte. Sein Stiefvater wurde zusätzlich unter Druck gesetzt und reiste schließlich mit seiner Frau demonstrativ ab, womit er die beiden de facto auslieferte. Das Paar fuhr also nach Agram, Louise stieg mit ihrer Hofdame im Hotel Bruckner ab, Mattachich bezog die für ihn reservierten Appartements. Dann ging alles sehr schnell. Während Mattachich verhaftet wurde, betrat der Anwalt Philipp Coburgs gefolgt von Polizeiagenten sowie dem Gerichtspsychiater RR Dr. Hinterstoißer, der ohne Louise zuvor jemals gesehen zu haben ein Gutachten erstellt hatte, mit einer Wärterin der Döblinger Irrenanstalt ihr Hotelzimmer. Ein Extrazug stand am Bahnhof bereit und bereits einige Stunden später fand sich Louise in einer Zelle in der Abteilung für Tobsüchtige im Döblinger Irrenhaus wieder. Franz Joseph schilderte in einem Brief an Katharina Schratt die Angelegenheit nüchtern bzw. eher geschönt: »Es ist Alles über Erwarten glatt abgelaufen, wobei der Advokat Bachrach, Dr. Hinterstoisser und die Civil und Militär Behörden in Agram ein großes Verdienst haben. Nachdem Oblt. Mattachich arretirt war, fügte sich die Prinzessin nach eindringlichem Zureden in die Abreise und sie sprach selbst den Wunsch aus, in ein Sanatorium zu kommen.«[162]

Der österreichischen Militärprozessordnung entsprechend wurde der Graf von einem Auditor verhört, der gleichzeitig als Ankläger, Verteidiger und Richter fungierte. Die besagten Wechsel wurden zwar von Coburg bezahlt, Mattachich, der zu den Vorwürfen schwieg, um Louise zu schützen, wurde jedoch trotzdem in Abwesenheit zu sechs Jahren schweren Kerkers verurteilt.

Währenddessen diagnostizierte Prof. Heinrich Obersteiner in seiner Privatanstalt in Oberdöbling die »intellektuelle und moralische Minderwertigkeit« der Prinzessin. Kurz darauf wurde sie durch ein Gutachten des Professors für Psychiatrie an der Universität Wien, des bereits erwähnten Prof. Richard von Krafft-Ebing, für schwachsinnig erklärt und durch das Oberstenhofmarschallamt am 3. Juni 1899 unter Kuratel gestellt – also entmündigt. Louise sollte den Rest ihres Lebens in einer geschlossenen Anstalt verbringen. Da man sie jedoch weder auf österreichischem noch auf belgischem Boden interniert haben wollte, wurde sie in der Privat-Heilanstalt Lindenhof bei Dresden untergebracht. Dort hatte sie zwar einen eigenen Pavillon, eine Equipage und Kammerfrauen sowie eine Gesellschaftsdame – dieses Personal wurde jedoch von der Polizei gestellt und sollte sie überwachen. Louise war »lebendig begraben«. Nicht ihr Ehebruch war ihr zum Verhängnis geworden, sondern dass sie gegen die gesellschaftlichen Regeln verstoßen hatte. In ihren Memoiren schrieb sie später: »... man verübelte mir, dass ich es wagte, all dieser Erbärmlichkeit entgegenzutreten und den Geist zu zeigen, den die Welt nie verzeiht, den des Kampfes und des Widerstandes. Eine Frau, die sich verteidigt ... ich will zugeben, schlecht verteidigt, die unermüdlich, aus Prinzip, für ihre Ehre und für ihr Recht kämpft ... eine solche Frau wird verdammt. Sie will gegen die anerkanntesten Autoritäten Recht behalten und provoziert einen Skandal. Sie schreit ‚Ich bin nicht verrückt!' Sie tobt: ‚Man hat mich bestohlen und beraubt!' und man sagt: ‚Oh, sie ist eine Natter, die man zertreten muß!'«[163]

Die Presse war empört und Felix Salten schrieb: »Die Prinzessin Louise hat den Willen geäußert, sich von ihrem Manne scheiden zu lassen, um den weniger hochgestellten, aber mehr geliebten Mattachich zu heiraten. Es heißt, dass der königliche Vater und der prinzliche Gemahl in gleicher Weise darüber entrüstet sind und dass man, um solch ein Beginnen zu vereiteln, die arme Frau in Gewahrsam hält. Nach unseren bürgerlichen Begriffen ist eine Prinzessin, die einen gewöhnlichen Sterblichen ehelichen will, darum noch lange nicht schwachsinnig.«[164]

Mattachich saß seine Strafe in Möllersdorf bei Wien ab, verlor seinen Adelstitel und wurde nur durch den intensiven Einsatz der Sozialdemokraten – allen voran des polnischen Abgeordneten Ignacy Daszinsky – 1902 aus der Haft entlassen. Man hatte ihm nahegelegt, ein Gnadengesuch zu verfassen, was er jedoch ablehnte, da er ja unschuldig sei. Kurz darauf wurde er auch ohne Gnadengesuch freigelassen und machte nun in der Öffentlich keinen Hehl daraus, dass er zu Unrecht im Gefängnis gewesen sei und seine geliebte Louise, die noch immer im Irrenhaus festgehalten werde, befreien wolle.

Sicherheitshalber wurde Louise einem neuerlichen Gutachten unterzogen, das die Rechtmäßigkeit ihrer Internierung bestätigen sollte. Dazu wurden die angesehensten Fachleute herangezogen, die sich dem Druck beugten und zum gewünschten Ergebnis kamen. Die Psychiaterkommission bestand aus Prof. Friedrich Jolly, dem Lehrstuhlinhaber für Geisteskrankheiten an der Universität Berlin und Direktor der Psychiatrie und Nervenklinik Charité, dem späteren Nobelpreisträger Prof. Julius Wagner-Jauregg, damals Lehrstuhlinhaber für Psychiatrie an der Universität Wien und Vorstand der Wiener Psychiatrischen Klinik, dem Direktor der Landesirrenanstalt Sonnenstein-Pirna, Medizinalrat Dr. Guido Weber, der damals der führende Forensiker Deutschlands war, und einem Dr. Leopold Mélis, Oberstabsarzt aus Brüssel. Im abschließenden Gutachten der gelehrten Herren hieß es: »Die Art, wie sie sich uns gegenüber über Mattachich aussprach, könnte zwar den Glauben erwecken, daß sie durchaus keine lebhafte Sehnsucht hegt, mit demselben zusammenzutreffen. Auch ergibt sich aus dem Berichte des Dr. Pierson, daß sie sich eher erleichtert fühlte, als ihr nach dem Annäherungsversuche des Mattachichs zunächst das Verlassen der Anstalt untersagt wurde. Wir glauben aber, daß sie so willensschwach ist, daß sie, wenn sie wieder hinauskäme, sich von Mattachich sofort wieder umgarnen lassen würde und zu neuen compromittierenden Schritten veranlaßt werden würde … Wir kommen auf Grund des uns vorgelegten Aktenmaterials sowie persönlicher Wahrnehmung zu folgenden Schlüssen:

1. Der bei Ihrer kgl. Hoheit der Frau Prinzessin Louise von Sachsen-Coburg und Gotha konstatierte Zustand von krankhafter Geistesschwäche besteht unverändert fort und macht die hohe Patientin nach wie vor unfähig, ihre Angelegenheiten zu besorgen.

2. Der dauerhafte Aufenthalt der Prinzessin in der geschlossenen Anstalt ist in Rücksicht auf diesen Krankheitszustand und im Interesse der hohen Patientin unbedingt notwendig.

3. Wir haben uns überzeugt, dass in der Anstalt des Herrn Sanitätsrates Dr. Pierson alle diejenigen Bedingungen gegeben sind, welche eine möglichst zweckmäßige und schonende Behandlung der Prinzessin gewährleisten.«[165]

Die Öffentlichkeit wurde nun immer aufmerksamer auf das offensichtliche Unrecht, das geschehen war. Karl Kraus kommentierte das Gutachten: »Ich weiß jetzt, daß die ‚Herabsetzung der intellektuellen und ethischen Funktionen' einer Prinzessin öfter infolge der Herabsetzung der intellektuellen als der ethischen Funktionen ihrer Ärzte zustandekommt. Leider.«[166] Und Felix Salten schrieb: »War die beleidigte Gattenehre nach Vergeltung erpicht, dann muß man sagen – vier Jahre Zuchthaus für den Geliebten, sechs Jahre Narrenzwang für die Ehebrecherin – die Rache ist eine vollkommene, ja, sie ist eine unerhörte gewesen – Jetzt aber wär's genug. ... Das ist für uns Österreicher, die wir keine Ursache haben, die koburgische Zeche zu bezahlen, weitaus wichtiger, als dass ein Prinz, der uns nichts angeht, seine Genugtuung, ein königlicher Baier, der uns gleichgültig ist, seinen Willen hat.«[167]

Doch es sollten noch zwei Jahre vergehen, bis Louise befreit werden konnte – zwei Jahre, in denen Louise ihren Aufsehern keinerlei Anlass bot zu vermuten, sie wäre noch an Mattachich interessiert oder denke gar an Flucht. Es wurden ihr deshalb immer größere Zugeständnisse gemacht, die das Paar, als es seine Chance gekommen sah, nutzte. Über Umwege war es Mattachich gelungen, mit Louise Kontakt aufzunehmen und ihre Flucht vorzubereiten. Louise, die ihre Rolle mittlerweile offenbar gut beherrschte und für keinerlei Argwohn bei ihren »Betreuern« sorgte, erreichte schließlich einen Kuraufenthalt in Bad Elster, wo sie nicht so streng bewacht war und eine Flucht möglich schien. Mit Unterstützung einiger Helfer gelang Louise schließlich im Herbst 1904 die abenteuerliche Flucht aus ihrer Gefangenschaft. Selbstverständlich wurde ihre Flucht in der Presse kommentiert: »Es gibt wohl nur sehr wenige Menschen, denen die

Flucht der Prinzessin Luise verdrießlich erscheint. Sie lassen sich an den Fingern einer Hand herzählen: der populäre Regierungsrat Bachrach, der sächsische Irrenarzt Dr. Pierson, das längst schon allgemein beliebte Fräulein v. Gebauer (Louises Wärterin), Prinz Philipp von Koburg und Leopold, der König. Fertig. So ist dieses Abenteuer geglückt. Und so hat Luise von Koburg bewiesen, dass sie gegen ihren Willen, zwangsweise und mit Unrecht gefangen gehalten wurde, dass ihr die Sehnsucht nach der Freiheit über alles ging … Und da wird man denn endlich erkennen, dass es nichts anderes war als eine sechs Jahre andauernde prinzliche Gewalttat, ein sechs Jahre währender Racheakt … Wenn ein paar Grafen so nett sind, Leute niederzuschießen, dann mag man sie immerhin einer mit modernem Komfort ausgestatteten Heilanstalt anvertrauen, das wird jeder einsehen … Will aber eine Prinzessin einen niedriger gebornen Liebhaber heiraten, na, dann mag sie doch. Die Welt geht deswegen nicht unter, die Prinzen sterben nicht aus, und in drei Wochen spricht kein Mensch mehr davon.«[168]

Das Paar floh nach Paris, Louises Ehe mit Philipp Coburg wurde geschieden. Louise war nun frei, fand sich jedoch völlig mittellos wieder, ihre Eltern hatten sie verstoßen, ihr Vater hatte ihr sogar verboten, jemals wieder nach Belgien zu reisen, und sie enterbt – nach seinem Tod versuchte sie vergeblich, ihren Erbteil einzuklagen. Doch ihre finanziellen Schwierigkeiten waren nicht die einzigen Probleme in ihrem weiteren abenteuerlichen, rast- und glücklosen Leben. Während des Ersten Weltkriegs wurden beide wegen angeblicher Spionage verhaftet und in Ungarn interniert, nach dem Krieg trafen sie sich wieder in Wien, wo sie einige Zeit im Parkhotel Hietzing lebten und weiterhin Schulden machten, bis man sie hinauswarf. Dann gingen sie nach Paris, wo Mattachich 1923 starb. Louise reiste danach nach Deutschland und starb 1924 völlig verarmt in Wiesbaden.

Der Skandal um Louise Coburg zog also weite Kreise, ob wirklich Ludwig der Auslöser dafür war, bleibt ungewiss. Fakt ist jedoch, dass er sich in dieser Zeit mit vielen seiner ehemaligen Vertrauten überwarf. Zuerst mit Kaiserin Elisabeth, dann mit Louise Coburg – doch so bedauerlich diese Zerwürfnisse waren, jenes mit Erzherzog Franz Ferdinand sollte wesentlich weitreichendere Folgen haben.

»… EINE SCHIECHER ALS DIE ANDERE«
ERZHERZOG FRANZ FERDINAND

Die Habsburger hatten aus dynastischen Gründen über Jahrhunderte im engsten Familienkreis Ehen geschlossen – dass Onkel und Nichten, Cousins und Cousinen heirateten, war keine Seltenheit –, denn nur standesgemäße Ehen galten als annehmbar. Es war klar definiert, wen ein Habsburger heiraten durfte und wen nicht. Als sich Erzherzog Franz Ferdinand in die nicht standesgemäße Sophie Gräfin Chotek verliebte und eine Heirat ausgeschlossen schien, meinte er frustriert: »Es ist ja ein Unglück, daß es gar keine Auswahl unter den heiratsfähigen Prinzessinnen gibt; lauter Kinder, lauter siebzehn- oder achtzehnjährige Piperln, eine schiecher als die andere.[169] … Wenn unsereiner jemand gern hat, findet sich immer im Stammbaum irgendeine Kleinigkeit, die die Ehe verbietet, und so kommt es, dass bei uns immer Mann und Frau zwanzigmal miteinander verwandt sind. Das Resultat ist, dass von den Kindern die Hälfte Trottel und Epileptiker sind.«[170] Kaiser Franz Joseph verweigerte lange Zeit seine Zustimmung zu dieser Heirat und wurde darin kräftig von seinem Bruder Ludwig unterstützt. Doch Franz Ferdinand setzte schließlich zumindest eine morganatische Ehe durch, was jedoch nicht nur bedeutete, dass seine Kinder von der Erbfolge ausgeschlossen waren, sondern auch dass seine Frau weder als Familienmitglied noch als Gemahlin eines Thronfolgers behandelt, sondern eher geduldet wurde. Sie rangierte hinter allen anderen Erzherzoginnen, durfte ihren Mann oft nicht zu Staatsbesuchen begleiten, an öffentlichen Anlässen nicht teilnehmen, weder alleine in der kaiserlichen Kutsche fahren noch in Theater oder Oper in der Kaiserloge Platz nehmen. Nora Fugger erinnerte sich: »Solche

Erzherzog Thronfolger Franz Ferdinand mit seiner Gemahlin Sophie Chotek, der späteren Herzogin von Hohenberg.

immer sich wiederholende Nadelstiche haben den Erzherzog verletzt, ihn misstrauisch, leicht erregbar und gegen viele seiner Mitmenschen voreingenommen gemacht. Wie er mir selbst sagte, führte er ein eigenes Register über alle Menschen, die sich seiner Frau gegenüber nicht so benahmen, wie er es wünschte. ‚Die werden mich kennenlernen wenn ich einmal Kaiser bin' waren seine Worte.«[171] Da Ludwig zu jenen zählte, die jahrelang die Heirat bekämpft hatten und auch danach seine Frau offen ablehnten, machte er sich seinen Neffen, zu dem er ursprünglich ein sehr gutes Verhältnis hatte, zum Feind. Noch einige Jahre davor hatte es im Zuge der langwierigen Lungenerkrankung des Thronfolgers einen regen Briefwechsel zwischen den beiden gegeben. Doch nun hatte Ferdinand gegen die Regeln verstoßen und Ludwig betonte immer wieder mit abfälligen Bemerkungen seine Einstellung zu derlei Mesalliancen. Doch noch stand Ludwig unter dem Schutz seines kaiserlichen Bruders und hatte vor allem in seinem Obersthofmeister Wimpffen einen treuen Begleiter, dem es gelang, den Erzherzog aus allen Kalamitäten herauszuhalten. Mit seiner Pensionierung änderte sich die Situation jedoch schlagartig.

DER EKLAT

EIN »UNANGENEHMES RENCONTRE«

Ludwigs Neigungen waren lange Zeit ein offenes Geheimnis, an dem niemand Anstoß nahm. Der Generalstabsoffizier Edmund Glaise-Horstenau erinnerte sich: »Im Schloss Klessheim herrschte seit eh und je, wenn der Erzherzog Residenz hielt, reges gesellschaftliches Leben, an dem auch die Offiziere meines Regiments in den ersten zwei Jahren der Salzburger Zeit noch Anteil hatten. Die erste Offiziersversammlung, die ich beim Regiment mitmachte, bot eine seltsame Überraschung. Der Oberst verkündete, Einladungen nach Kleßheim seien in Hinkunft unter dem Vorwand einer Übung oder dergleichen abzulehnen. Damit bestätigte sich, was man längst geflüstert hatte: des Kaisers Bruder huldigte seit einiger Zeit unnatürlichen Neigungen. Es war sogar in Bädern schon zu unangenehmen Zwischenfällen gekommen. Auch in Kleßheim gab es ein Schwimmbad, in das junge Offiziere zur Erfrischung nach dem Tennisspiel eingeladen wurden. Sie fanden in den Kabinen keine Schwimmhosen vor und mussten sich dem gleichfalls badenden Hausherren so zeigen, wie sie der liebe Gott erschaffen hatte.«[172] Entscheidend ist jedoch der abschließende Satz zu dieser Schilderung: »Daß etwas Besonderes geschehen sei, wußte niemand zu berichten.«[173]

Von einem skandalösen Treiben des Erzherzogs war jedenfalls keine Rede, die Erinnerung Glaise-Horstenaus wirft aber ein Licht darauf, was dem Kaiser alles berichtet wurde. Ob diese Schilderungen der Realität entsprochen haben, lässt sich leider durch keinerlei Quellen nachprüfen, vielleicht stand auch Franz Josephs eher humorvoller angeblicher Ausspruch »Man müßt' ihm als Adjutant eine Ballerina geben, dann könnt' nix passieren!«[174] mit Berichten dieser

Art in Zusammenhang. Franz Joseph wusste sicherlich genau über das Privatleben seines Bruders Bescheid, doch er lebte nach einem festen Grundsatz: Solange Privates privat blieb, nicht demonstrativ öffentlich gemacht oder gelebt wurde und damit die moralische Integrität des Hauses Habsburg nach außen gewahrt blieb, interessierte es ihn nicht – und die sexuelle Orientierung seiner Familie schon gar nicht. Denn Ludwig war ja nicht der einzige Erzherzog, der sich zu Männern hingezogen fühlte. Hier sei als Beispiel nur Erzherzog Ludwig Salvator erwähnt, der ein Leben mit unterschiedlichen Geliebten – Frauen wie Männern – abseits des Wiener Hofes lebte, es aber doch schaffte, dass man Bescheid wusste. Da er jedoch nie durch irgendwelche gröberen öffentlichen Eskapaden auffiel, nahm man ihn so, wie er war, und niemand hatte ein Problem damit. Auch wenn er als schwarzes Schaf der Familie galt, war er bei großen Familienfeiern und öffentlichen Auftritten der Dynastie immer zugegen und wurde auch immer wieder von Franz Joseph empfangen. Der Kaiser hatte also definitiv nichts gegen Homosexualität, solange sie nicht offen gelebt wurde.

Erst zu Beginn des 20. Jahrhunderts begann Ludwig »auffällig« zu werden. Die immer wieder zitierten Tratschgeschichten über Annäherungsversuche an Fiaker und Passanten im Prater um diese Zeit lassen sich zwar nicht belegen, ein Akt in den Spitzelberichten des Kaiserhauses lässt allerdings aufhorchen. So ist dort ein Vorfall dokumentiert, der sich im Februar 1897 ereignete und den Grund für das Nichterscheinen des Erzherzogs auf dem Bürgerball »erklärt«. So heißt es: »Im Publikum verlautet es, Seine kaiserliche Hoheit Erzherzog Ludwig Victor sei deßhalb nicht auf dem Bürgerball erschienen weil Er im Laufe des Tages im Prater ein unangenehmes Rencontre gehabt habe.«[175] Bei dieser unangenehmen Begegnung könnte es sich um einen missglückten Annäherungsversuch Ludwigs handeln, über den später oft getratscht wurde. Demnach hatte der junge Mann den Erzherzog nicht erkannt und ihn angeblich entrüstet geohrfeigt. Im Akt des Informationsbüros wurde jedenfalls offenbar eine offizielle Version dieses Vorfalls entworfen und als »Geheim« deklariert dem

Polizeipräsidenten »zur gefälligen Einsicht mit dem ergebensten Ersuchen um geneigte Mittheilung was … herüber bekannt geworden ist« übermittelt: »daß am 8.d. Mts. Nachmittags ¾ 3 Uhr Seine k.u.k. Hoheit Erzherzog Ludwig Viktor in der Hauptallee des Praters von dem Zimmermaler Adolf Schmidtmayer … unter Vorweisung einiger Versatzzetteln mit den Worten ‚Ich bitte kaiserliche Hoheit!' angebettelt wurde. Der Mann wurde von einem Polizei Agenten arretirt und zum Kommissariate Prater gestellt. Dort stellte sich heraus, daß derselbe schwachsinnig ist und bereits zwei Jahre in einer Irrenanstalt war. Da derselbe derzeit zur Abgabe in eine Irrenanstalt nicht geeignet ist, wurde er seinen Angehörigen übergeben …«[176] Diese Formulierung lässt vermuten, dass es tatsächlich darum ging, einen peinlichen Vorfall zu vertuschen, denn wenn Ludwig nur von einem Irren angebettelt worden wäre, müsste die Angelegenheit ja nicht als »Geheim« eingestuft werden. Zudem war Ludwig der Vorfall offenbar dermaßen unangenehm, dass er nicht auf dem Bürgerball erschien.

In der breiten Öffentlichkeit blieb die Geschichte jedenfalls vorerst unbekannt. Der Geheimbericht unterstützt daher die Vermutung, dass es immer wieder zu Vorfällen kam, die Graf Wimpffen, der langjährige Obersthofmeister des Erzherzogs, jedoch elegant und diskret aus der Welt schaffen konnte. So soll er sich auch um Erpressungsversuche gekümmert und »mit größtem Takte die oft schwierigen Situationen, in welche der Erzherzog durch seine Neigungen geraten war, überwunden und besonders in der Verteilung von Belohnungen für geleistete Dienste und von Schweigegeldern großes Geschick bewiesen« haben.[177] Die in diesem Zusammenhang zitierten Geschenke wie Uhren und dergleichen, die bis heute im Dorotheum zur Versteigerung gelangen, sind jedoch kein Beweis für diese Abfertigungen, waren diese doch ganz übliche Geschenke des Kaiserhauses an verdienstvolle Bedienstete, die alle Erzherzoge verschenkten. Zudem gibt es zahlreiche Geschenke des Erzherzogs an Damen wie etwa Spieldosen oder Broschen.[178]

Auffallend ist jedenfalls, dass mit der Pensionierung Wimpffens 1899 und der Bestellung Max Thuns zum neuen Obersthofmeister immer öfter von Verfehlungen des Erzherzogs die Rede war. Der Journalist Max Reversi beklagte: »Mit diesem Tage war des Erzherzogs Unglück besiegelt und der Abstieg seines Lebens begann.«[179] Max Thun sah sich sogar zu einer Gegendarstellung genötigt, die diese Vermutung jedoch nicht nur bestätigt, sondern darüber hinaus vor allem auch seine Einstellung zum Erzherzog offenbart. So stand am 30. September 1923 im *Neuen Wiener Journal*: »Der ehemalige Obersthofmeister des Erzherzogs Ludwig Viktor Graf Max Thun-Hohenstein ersucht uns um Aufnahme folgender Erklärung: ‚Heute ist mir der Artikel aus Ihrer Sonntagsnummer vom 23. September ‚Ein unglücklicher kaiserlicher Prinz' Erzherzog Ludwig Viktor in meine Hände gelangt. Ich fühle mich verpflichtet, zu erklären, daß ich in der Zeit von Herbst 1899 bis Herbst 1904 Obersthofmeister beim Erzherzog Ludwig Viktor war und daß die Mitteilungen ‚Max Reversis' über die Verhältnisse in Kleßheim eine Reihe sachlicher Unrichtigkeiten enthalten, insbesondere auch was meine Person betrifft. In der Zeit von 1899 bis 1904 hatte meines Wissens ein ‚Max Reversi' keinen Verkehr in Kleßheim, konnte daher auch nicht orientiert sein. Infolge des krankhaften Zustandes des Erzherzogs haben sich viele Schmarotzer und Gleichgeartete an ihn herangedrängt, und mußte man den Verkehr mit dieser Sorte von Leuten möglichst verhindern, was aber von diesen Leuten sehr unangenehm empfunden wurde. Ich kann daher nach dem Inhalt dieses Artikels zu schließen, nur vermuten, daß auch ‚Max Reversi' oder wie er sonst heißen möge, nur von dieser Seite seine Informationen erhalten hat, wodurch sie auf ihren richtigen Wert zurückgeführt werden.«[180]

Thun war also offensichtlich kein Freund des Erzherzogs, verachtete ihn und dachte gar nicht daran, sich zu bemühen, ihn aus der Schusslinie zu bringen. Im Gegenteil. Dinge, über die bislang Stillschweigen geherrscht hatte oder zumindest nur hinter vorgehaltener Hand erzählt worden war, gelangten nun immer öfter auch an die

Öffentlichkeit und Leopold Wölfling schilderte den Sturm der Entrüstung, der durch die Wiener Hocharistokratie fegte: »Doch plötzlich … plötzlich geschah etwas, was das Erstaunen aller, die ihn liebten und ihn kannten, hervorrief. Es kam bei ihm plötzlich eine neue Leidenschaft, von der man nicht laut zu sprechen wagte, zum Vorschein. Nur im Flüsterton sagten es die Männer den Männern und die Frauen den Frauen, und das, was sie darüber erfuhren, rief Abscheu und Entrüstung hervor.«[181] Ludwig war wohl daran gewöhnt, dass sein Oberthofmeister potentiell unangenehme Vorfälle rasch und dezent aus der Welt schaffte, Max Thun ließ ihn jedoch offenbar ins offene Messer rennen, lehnte sich zurück und überließ ihn seinem Schicksal. Vermehrt kamen daher zusätzlich zu den harmlosen Geschichten über seine Vorliebe für Männer nun auch peinliche Vorfälle an die Öffentlichkeit. So wurde in Abbazia ein junger Mann verhaftet, der dem Erzherzog »gelegentlich eines Besuches in einer Kabine des Seebades Abbazia eine wertvolle Uhr entwendet hatte«, dazu kam ein »Wechselfälscherprozeß des Barons von L., welcher als Einjährig-Freiwilliger die besondere Gunst des Erzherzogs genossen hatte«.[182]

Möglich, dass es bei harmlosen Tratschgeschichten geblieben wäre, die keinerlei Auswirkung auf Ludwig gehabt hätten. Doch sein Widersacher Franz Ferdinand hatte seine Chance erkannt. Angeblich hatte er schon die Bestellung Thuns als Oberthofmeister eingefädelt – jetzt konnte er zum Gegenschlag ausholen. Franz Ferdinand rächte sich, indem er seinen verhassten Onkel sowohl von Thun als auch von einem Lakaien in Salzburg namens Kotasch sogar bespitzeln ließ und wiederholt mit Skandalgeschichten über Ludwig beim Kaiser vorstellig wurde. Doch Franz Joseph interessierte sich nicht dafür, was sich innerhalb der Kleßheimer Schlossmauern abspielte oder irgendwelche Leute behaupteten. Es war ja allgemein bekannt, dass der Kaiser für »Ohrenbläsereien nicht zugänglich«[183] war. Der Thronfolger musste daher zu anderen Mitteln greifen. Denn eins war nun klar: Erst ein Zwischenfall in der Öffentlichkeit würde den Kaiser dazu veranlassen zu reagieren. Zur Ehrenrettung des Thronfolgers sei jedoch angemerkt, dass man seinen Zorn und schließlich Hass auf Ludwig bis zu einem gewissen Grad nachvollziehen kann. Denn dass ausgerechnet Ludwig sich als Hüter gesellschaftlicher Konventionen aufspielte und Sophie Chotek vehement bekämpfte, nur weil sie einem Habsburger »nicht ebenbürtig« war und Franz Ferdinand damit in seinen Augen dem Ansehen der Monarchie schadete, ist doch gelinde gesagt verwunderlich.

EKLAT IM CENTRALBAD

Da Ludwig ein begeisterter Schwimmer war, in seinem Wiener Palais jedoch kein eigenes Schwimmbad besaß, besuchte er regelmäßig das nahegelegene Centralbad. Die Hofgesellschaft war zwar irritiert, dass ein Erzherzog »in einem öffentlichen Schwimmbassin mit n'importe qui baden durfte«[184], aber man gewöhnte sich rasch an die Tatsache und den Hofwagen, den man immer wieder in der Weihburggasse vor dem Centralbad stehen sah. Bald war allgemein bekannt, dass der Erzherzog regelmäßig das Bad besuchte. Hier ereignete sich schließlich jenes ungebührliche Verhalten des Erzherzogs, das zu einem Skandal wurde. Demnach soll sich dieser eines Tages einem Badegast – manchmal ist auch von einem Bademeister zu lesen – unsittlich genähert und dafür *coram publico* eine schallende Ohrfeige erhalten haben. Viele Ausschmückungen der Skandalgeschichte haben dazu geführt, dass oft sogar zu lesen ist, der Vorfall habe sich im Schwulenmilieu in einem einschlägigen Etablissement zugetragen. Ein Blick auf die historische Beschreibung des Centralbades zeigt jedoch eindeutig, dass dem nicht so war. Im Gegenteil. Als das Bad im Mai 1889 eröffnet wurde, gab es in den Wiener Zeitungen begeisterte Berichte über dieses damals luxuriöseste »Day-Spa« in der Wiener Innenstadt.

So schrieb die *Wiener Allgemeine Zeitung*: »In der Weihburggasse, gegenüber der Franziskanerkirche, ist dieser Tage ein Bau vollendet worden, der durch die Großartigkeit und Vortrefflichkeit seiner inneren Einrichtungen eine Sehenswürdigkeit Wiens zu werden verspricht. Es ist dies das große Wiener Centralbad, ein prächtiges Etablissement, das, mit einem Kostenaufwande von mehr als einer Million Gulden erbaut, am kommenden Sonntag, den 26. D. M., der Öffentlichkeit übergeben wird. Von Außen präsentiert sich das Wiener Centralbad, welches die Nummern 18 und 20 der Weihburggasse umfaßt, als ein hoher Bau im Wiener Barockstyl. Zwei Erkerthürme an den Enden und eine Mansarde in der Mitte krönen das Haus. Durch das Portal gelangen wir in den Badeingang. An einer Tafel im Vestibule lesen wir, daß das Wiener Centralbad für Dampf-, Wannen- und Medicinalbäder eingerichtet ist. Im Raume vor der Kasse ist der Personenaufzug in die Salonbäder in der Parterre-Unterabtheilung, zu denen man auch zu Fuß über eine teppichbelegte Treppe leicht gelangt. Wir lassen den Aufzug links und schreiten durch das Vestibule in den durch zwei Etagen gehenden, im Rococostyle reich architektonisch mit Stuckplafonds und Wandverzierungen decorirten Entrée-Wartesaal. Der Plafond dieses Saales ist mit einem künstlerischen Gemälde, den ‚Frühlingseinzug‘, und mit vier Medaillons, die vier Elemente darstellend, verziert. Aus diesem Wartesaal, der als prächtiger Salon förmlich zu Conversation einladet, führen drei Thüren, und zwar eine zu den Medicinal-Wannenbädern, die auch ihren eigenen Vorraum und Wartesaal haben, ferner die zweite und dritte Thür zu sehr bequem und elegant eingerichteten Auskleide-Cabinen für die Gäste des Schwitzbades. Eine ganz separate, nach allen Regeln der Hygiene ausgestattete Abtheilung ist diejenige, wo die ‚Kaltwasser-Cur für Herren‘ eingerichtet ist. Auskleide-Cabinen, Einpackbetten, Wannen, Douche-Vorrichtungen mit Temperatur-Meß-Apparaten, ein Dampfkasten und ein kaltes Bassin bilden das großartige Ensemble dieser wichtigen Abtheilung. Hier stehen drei medicinische Inhalationskammern den Gästen zur Verfügung. Für die Gäste des Schwitzbades sind 67 bequeme, in maurischem Styl mit bemalten Plafonds ausgeführte Auskleide-Cabinen hergestellt. Aus diesen gelangt man mittelst Aufzuges oder über eine Marmorstiege zu den im Souterrain gelegenen Räumen des Dampf-, Douche- und Vollbades. Das Dampfbad speciell ist in allen seinen Theilen ebenso vollendet als mustergültig. Eine warme Luftkammer, mehrere Schwitzkammern, eine große Frottir- und Douchekammer bilden das eigentliche Dampfbad. Der große Saal aber, in welchem das kalte Bassin untergebracht ist, bildet mit seiner orientalischen Bauart schon für sich allein eine reizende Sehenswürdigkeit. Wir wandern nun von hier durch den Abtrocknenraum in die Knet- und Massagezimmer, von hier links in den im pompejanischen Styl mit Gobelin-Imitation ausgeführten ‚Ruhesaal für Badegäste', in dem man eine geradezu ‚vornehme Ruhe' genießen kann. Der anstoßende Frisirsaal ist sehr hübsch, und zwar pompejanisch eingerichtet. Sind wir endlich mit der Frisur fertig, dann führt uns der Aufzug oder die Marmortreppe in unsere Cabine zum Ankleiden zurück. Die letzte Abtheilung sind die Salonbäder, die den Gassentract der Parterre-Unterabtheilung einnehmen. Zu diesen führen ebenfalls Aufzug und Treppe; sie bestehen aus vier Salon-Dampfbädern und vier Salon-Wannenbädern. Sämmtliche Wannen der Anstalt sind vertieft, gleichsam in den Boden hineingebaut und mit Majolika-Verkleidung und Carrara-Marmor-Einfassung eingerichtet. Das ganze Etablissement ist elektrisch beleuchtet und nebstbei die Gasleitung installirt. Kessel-, Maschinen-, Pumpen- und Brunnenanlagen entsprechen allen Anforderungen der modernen Technik. Angrenzend an das Maschinenhaus ist die Moorküche, in welcher der Moorschlamm bereitet und sodann durch eine Pumpe in die Medicinal-Wannenbäder geleitet wird. Zur Reinigung der Badewäsche ist eine Dampfwäscherei vollkommen eingerichtet. So präsentirt sich denn das neue ‚Wiener Centralbad' als ein allen Anforderungen der Hygiene entsprechendes Etablissement, welches einem langgefühlten Bedürfnisse des besseren Publicums abzuhelfen berufen ist … Das ‚Wiener Centralbad', dem der bekannte Dr. Wilhelm Sperber als Director vorsteht, wird sicherlich, dank seinen glänzenden Einrichtungen, rasch die Gunst und Vorliebe des Wiener Publicums erringen.«[185]

Beim Centralbad handelte es sich demnach nicht um ein einschlägiges Etablissement, sondern um einen luxuriösen »Wellnesstempel«, der vom gehobenen Bürgertum und zahlreichen Aristokraten besucht wurde. 1894 wurde eine eigene Damenabteilung eingerichtet, das Bad war daher zu dem Zeitpunkt, als Ludwig es besuchte, auch kein reines

Herrenbad. Unabhängig davon verbreitete sich der Skandal natürlich wie ein Lauffeuer. Interessant ist jedoch, dass es zwei enge Freunde Erzherzog Franz Ferdinands waren, die die Geschichte in Umlauf brachten: Nora Fürstin Fugger, eine Vertraute des Thronfolgers, und der Politiker und Publizist Adalbert Graf Sternberg. So berichtete Sternberg 1919 in seinem Feuilleton im *Neuen Wiener Journal*: »Das Benehmen des Erzherzogs, besonders im Zentralbad, war ein fort und fort anstoßerregendes. Schon der Ministerpräsident Taaffe machte den Kaiser darauf aufmerksam, der Kaiser wollte aber davon nichts hören. Als der Obersthofmeister Fürst Konstantin Hohenlohe wieder einmal darauf zu sprechen kam, gab ihm der Kaiser gar keine Antwort. Erst Koerber gelang es die Internierung des Erzherzogs in Kleßheim durchzusetzen. Der Erzherzog war ein kunstliebender, sehr begabter Mann, der aber leider homosexuell in einem Maße veranlagt war, daß er sich nicht einmal bemühte, diese Schwäche zu verdecken. Man hatte vor ihm in der Gesellschaft Angst, und so übte er auch hier seinen nefasten (negativen) Einfluß dadurch aus, daß er diejenigen, die ihm gefügig waren, gesellschaftlich über Gebühr hob und die anderen verfolgte. Als eines Tages bei meiner Tante, Fürstin Croy, ein großes Fest abgehalten werden sollte, bat sie mich, zu diesem Anlasse Couplets zu schreiben, die dort von Volkssängern gesungen werden sollten. Ich verfaßte Couplets, in welchen ich alle Schwächen der damaligen Zeit verhöhnte. Erzherzoge und alle Würdenträger waren anwesend … Diese Couplets wurden anfangs stumm angehört, bis es zum Couplet vom Dampfbade kam. Da begann der Erzherzog Ludwig Viktor, der ebenfalls anwesend war, unruhig zu werden. Besonders groß war der Applaus, als gesungen wurde: ‚Aber Franz, aber Franz, mach' doch keinen Pflanz.' Da erhob sich die Fürstin und ließ die Volkssänger in ihrem Vortrag innehalten. Die Gesellschaft lachte ununterbrochen, und mein alter Vater, der auch anwesend war, wurde zu den Talenten seines viel versprechenden Sohnes warm beglückwünscht. Den nächsten Tag liefen die Refrains meiner Couplets von Mund zu Mund. Der Kaiser, der davon erfuhr, ließ die Volkssänger durch den Polizeipräsidenten verhaften und ihnen die Couplets wegnehmen. Diese mußten dem Kaiser eingehändigt werden, welcher sehr lachte und die Volkssänger daraufhin befreien ließ. Aber von diesem Tage an hatte ich kein angenehmes Leben mehr und bildete dieser Abend den Anstoß zu meinem späteren zwanzigjährigen Kampfe.«[186]

Wie authentisch der Bericht ist, vor allem, dass Franz Joseph herzlich darüber lachte, sei dahingestellt.

Dass hinter dem Skandal Franz Ferdinand steckte, berichtete neben Max Reversi interessanterweise auch die *Arbeiter-Zeitung*, die ganz explizit von einer Intrige des Thronfolgers ausging: »Ein hübscher, junger Mann lächelte den Erzherzog im Wiener Centralbad freundlich an, eine unvorsichtige Handbewegung des Erzherzogs hatte die Verabreichung einer schallenden Ohrfeige zur Folge, der Eklat war da! Möglich, daß die ganze Affäre arrangiert war, um gegen den Erzherzog vorzugehen. Franz Ferdinand erschien beim Kaiser und die Folge war die dauernde Verbannung des Erzherzogs Ludwig Viktor nach Kleßheim. Er wurde von der Liste der Militärs gestrichen, durfte nur Zivilkleidung tragen und nur in Wagen mit schwarz lackierten, statt vergoldeten Rädern herumfahren.«[187] Auch Generalstabsoffizier Edmund Glaise-Horstenau war überzeugt, dass der Thronfolger hinter dem Skandal steckte: »Der Bannfluch gegen ihn war vor allem von Franz Ferdinand ausgegangen, der es dem Oheim nicht verzieh, daß er seinerzeit entschiedener als alle anderen Prinzen gegen Sophie Chotek Stellung genommen hatte.«[188]

Dass es im Zuge der Hochzeit des Thronfolgers zum Bruch mit seinem Onkel gekommen war, bestätigte Franz Ferdinand selbst in einem Brief an seinen ehemaligen Lehrer und Vertrauten, den Sektionschef und späteren Ministerpräsidenten Baron Beck, vom 28. August 1900. In diesem bezieht sich Franz Ferdinand auf eine offizielle Einladung Wilhelms II. an den deutschen Manövern teilzunehmen, was zu diesem Zeitpunkt, da Franz Ferdinand sogar in seiner engsten Familie auf beleidigende offene Ablehnung stieß, einer wohltuenden demonstrativen Unterstützung gleichkam: »Leider kommt bald eine längere Trennung, indem ich von K. Wilhelm zu den Stettiner Manövern geladen wurde. So schauerlich es mir ist mein Sopherl eine ganze Woche allein lassen zu müssen, so sehr freut mich andererseits die sehr schöne Einladung, da dieß bei allen diesen bösen Menschen a la Marschalls, M. Josepha, Ludwig Victor, Isabelle, etc., etc., doch einiges Erstaunen hervorrufen dürfte, daß K. Wilhelm, der jetzt doch der größte Mordskerl in Europa ist, einen Menschen gleich darauf einladet, nachdem er das Verbrechen begangen hat, einmal eine glückliche Ehe nach seinem Herzen einzugehen!!«[189] Der Bruch hatte zur Folge, dass der als äußerst nachtragend und unversöhnlich bekannte Franz Ferdinand zu einem der erbittertsten Gegner Ludwigs geworden war. Immer wieder war er mit Ludwigs angeblicher unmoralischer Lebensführung beim Kaiser vorstellig geworden.[190] Doch erst mit dem Skandal im Centralbad erreichten die Widersacher Ludwigs, zu denen auch Taaffe und Franz Josephs Obersthofmeister Hohenlohe zählten, dass Franz Joseph reagieren musste. Vor diesem Hintergrund ist es demnach wenig überraschend, dass ausgerechnet zwei enge Vertraute des Thronfolgers diese Skandalgeschichte erzählten und publizierten – alle folgenden Berichte darüber berufen sich auf diese beiden.

Unabhängig davon, ob Ludwig einer Intrige seines Neffen zum Opfer gefallen war oder diesen Ausrutscher selbst zu verantworten hatte: Tatsache ist, dass es – allerdings erst jetzt, 1904 – wirklich zu seiner Verbannung aus Wien kam. Das war an sich noch keine außergewöhnliche Strafe, denn dies war auch schon Erzherzog Otto passiert, nachdem er im Zuge eines seiner feuchtfröhlichen Gelage nackt bzw. nur mit einem Säbel bekleidet durch das Hotel Sacher spaziert war. Wenn er dabei nicht ausgerechnet dem britischen Botschafter mit seiner Frau in die Arme gelaufen wäre, der sich offiziell darüber beschwerte, wäre wahrscheinlich gar nichts passiert. So aber musste Franz Joseph reagieren und verfügte einen zweimonatigen Arrest Ottos in einem oberösterreichischen Kloster. Eugen Ketterl, der Leibkammerdiener des Kaisers, hielt in seinen Memoiren fest, dass der erzwungene Aufenthalt des Erzherzogs im Kloster allerdings »nicht sehr tragisch« verlief, sondern nur der Weinkeller darunter litt, denn »als der erlauchte Häftling wieder der Welt zurückgegeben wurde, wies das Weinlager klaffende Lücken auf«.[191]

In Ludwigs Fall war die Strafe ungleich höher, denn seine Verbannung war auf unbestimmte Zeit – und sollte bis an sein Lebensende dauern. Dass Franz Joseph zu dieser Maßnahme griff, mag auch den Umständen der Zeit geschuldet sein. Persönlich hatte Franz Joseph kein Problem mit Homosexualität, doch er war extrem darauf bedacht, das Ansehen des Erzhauses nicht in Verruf zu bringen, und wollte seinen Bruder unbedingt aus der Schusslinie bringen. Denn rund um den Eklat im Centralbad gab es um die Jahrhundertwende einige Skandale, die in der Presse breitgetreten wurden. Dazu zählten die Skandale um Friedrich Alfred Krupp, dem man 1902 medial vorgeworfen hatte, homosexuell zu sein, und der wenige Tage danach (wahrscheinlich) Suizid beging, sowie Franz Josef von Braganza, der ein Patenkind des Kaisers war und 1902 im Zuge seiner Reise nach London zu den Krönungsfeierlichkeiten Edwards VII. mit drei Männern »in flagranti« erwischt wurde – ein Vorfall, auf den sich die englische Presse genüsslich stürzte. Er wurde sogar angeklagt, aber freigesprochen, musste jedoch aus dem Militär austreten und zurückgezogen in Graz leben. Die zunehmend homophobe Stimmung, die zwei Jahre später ihren Höhepunkt im Skandal um Philipp Eulenburg erreichte, der nicht nur das deutsche Kaiserreich erschütterte, sondern natürlich auch auf die k.u.k. Monarchie ausstrahlte – umso mehr als Eulenburg als deutscher Gesandter viele Jahre in Wien gelebt hatte und Teil der Wiener Gesellschaft gewesen war – mag also für Ludwigs Verbannung mit ausschlaggebend gewesen sein.[192] Denn eines darf nicht vergessen werden – es ging nicht nur um »moralische« Ansprüche: Homosexualität stand damals noch unter Strafe und »Unzucht mit Personen desselben Geschlechts« wurde mit schwerem Kerker von einem bis zu fünf Jahren bestraft. Eine Verortung des Skandals um Ludwig im Schwulenmilieu ist jedoch völlig falsch. Zu dieser Anekdotenbildung mag beigetragen haben, dass ein Teil des ehemaligen Centralbades seit den 1980er-Jahren tatsächlich als berühmt-berüchtigter Schwulenklub »Kaiserbründl« bekannt ist.

POSIERTE ERZHERZOG LUDWIG VICTOR IN FRAUENKLEIDERN?

Auch das immer wieder zitierte und publizierte Foto des Erzherzogs in Frauenkleidern wurde bislang immer völlig falsch interpretiert. Immer wieder hieß es, das Foto wäre ein Beleg dafür, dass der Erzherzog nicht nur homosexuell, sondern auch Transvestit gewesen und diese »Tatsache« ein weiterer Beleg für sein skandalöses Treiben und seine angebliche Verbannung aus Wien sei.

Auch hier sieht die Realität ganz anders aus, denn das bislang einzig bekannte Foto entstand in einem völlig anderen Kontext.

Abgesehen davon, dass die Habsburger es liebten, sich im Fasching – auch als das andere Geschlecht – zu verkleiden, gehörten das ganze Jahr über sowohl die sogenannten »Tableaus«, bei denen alle Mitglieder der Familie in entsprechenden Kostümen berühmte historische Gemälde nachstellten – unter anderem auch Männer in Frauenkleidern und umgekehrt –, sowie vor allem Theatervorführungen zur Familientradition. Maskeraden waren also ein traditioneller Teil der höfischen Unterhaltung und wie selbstverständlich diese waren und wie sehr sich die Familie zum Beispiel auf den »tollen Tag« (Faschingsdienstag) und die zu erwartenden Verkleidungen freute, zeigt bereits die Tagebucheintragung Carl Ludwigs aus dem Jänner 1845: »Heute war der letzte Faschingstag. Abends war(en) wir bei der Toilette (Anm.: dem Umziehen vor dem Schlafengehen) des kleinen Ludwig. Als der kleine Ludwig im Bette war, kam auf einmahl der Maxi (Anm.:sein Bruder Erzherzog Ferdinand Max). Und wie kam er? und wie kam er? mascirt als Dame, das ganze richtete die Sophie (Anm.: Frappard, das Kammermädchen Sophies), er hatte ein kleines

Erzherzog Ludwig im Kostüm für die Komödie „Vorlesung bei der Hausmeisterin" von Marie Gordon.

Hütchen, welches die Sophie den tollen Tag in der Früh kaufte: denn in der Früh nach dem Frühstücke bestellte er Alles bei ihr, dann hatte er eine Perücke, die die Leopoldine Nischer (Anm.: das spätere Kindermädchen »Nono« der Kinder Franz Josephs) gemacht hat, dann hatte er auf dem Hals einen Rococopatzen von der Mama, das Kleid war von der Sophie, weiß mit blauen Tupfen, das Mieder, das die Mama einmahl trug, war von Silber, dann hatte er ein blaues durchsichtiges Oberkleid, es war auch hübsch ... In die Kammer von der Mama kam die Hildegarde, die Marie und der Albert (Anm.: weitere Familienmitglieder), die sich dort mascirten, und dann durch den ganzen Salon gingen ... die Mama und der Albert waren als Domino mascirt, dann gingen wir zu der Großmama ...«[193]

Das Foto des Erzherzogs, das immer wieder kursiert, ist gänzlich aus dem historischen Zusammenhang gerissen, denn es zeigt Ludwig Victor im Kostüm anlässlich der Aufführung des Stücks *Vorlesung bei der Hausmeisterin* von Marie Gordon, die unter dem Pseudonym Alexander Bergen Theaterstücke schrieb; in diesem wurden – wie ein

Szenenfoto der Komödie „Vorlesung bei der Hausmeisterin", bei der alle Frauenrollen traditionell von Männern gespielt wurden und die eines der populärsten Theaterstücke der Zeit war.

weiteres Foto dieser Serie zeigt – alle weiblichen Rollen von Männern gespielt. Dass dies – zumindest für dieses Stück – nicht nur im Kaiserhaus, sondern auch am Theater eine beliebte Tradition war, zeigen Rollenbilder von niemand Geringerem als Johann Nestroy, der 1860 in der Rolle der Hausmeisterin Maxl im Carltheater große Triumphe feierte, sowie von Harry Walden als Fräulein Trude Horak und nicht zuletzt von Hans Moser, der die Rolle der Frau Czerditak 1920 im Rolandtheater spielte.

Das Foto zeigt demnach Ludwig im Theaterkostüm eines Stückes, in dem traditionell alle Frauenrollen von Männern gespielt wurden, und der Erzherzog ließ sich auch nicht als Einziger in Frauenkleidern fotografieren, wie das Gruppenfoto belegt.

Auch die von Marie Wallersee in ihren Memoiren verbreitete Legende, Ludwig habe Elisabeth 1874 bei ihrem heimlichen Inkognito-Ausflug mit Maske und einem gelben Domino (einem wadenlangen Seidenumhang ohne Ärmel und Kapuze) verkleidet auf einen Maskenball im Musikverein begleitet, entspricht nicht den Tatsachen. Doch gerade diese Geschichten des angeblich als Frau verkleideten

In der Fotosammlung der Familie Merveldt befindet sich auch dieses außergewöhnliche Doppelporträt des Erzherzogs als Dame und Herr. Dieses Foto von Baldi & Würthle aus dem Jahr 1864 ist nicht nur ein weiterer Beleg für die Vorliebe des Erzherzogs für Verkleidungen und außergewöhnliche, humorvolle Fotos, die damals unter jungen Aristokraten beliebt waren, sondern dokumentiert auch Ludwigs ambivalenten Charakter.

Erzherzogs prägten das öffentliche Bild Ludwigs. Tatsächlich wurde Elisabeth damals von Ida Ferenczy und ihrer Kammerzofe Schmidl auf den Ball begleitet. Elisabeth machte an diesem Abend die Bekanntschaft eines attraktiven jungen Mannes, mit dem sie sich bestens unterhielt – natürlich ohne ihr Inkognito zu lüften. Aus der Unterhaltung entwickelte sich ein Flirt, Elisabeth genoss die Ahnungslosigkeit und Offenheit des jungen Mannes. Am Ende des Abends verabredeten sie ein Rendezvous für den nächsten Tag, das die Kaiserin, die von ihren Damen nur »Gabriele« genannt wurde, natürlich nicht einhielt. Sie war von diesem Flirt aber so angetan, dass sie über viele Jahre dem weiterhin ahnungslosen Friedrich Pacher von Theinburg regelmäßig Briefe zukommen ließ, die mit »Ihr gelber Domino«, später mit »Gabriele« unterzeichnet waren. Sie widmete ihm später sogar ein Gedicht und erinnerte sich wehmütig an die unbeschwerten Inkognito-Stunden.

Die berühmte Fotografie ist demnach kein Beleg für ein »skandalöses« Leben des Erzherzogs als heimlicher Transvestit.

DIE VERBANNUNG

ZERWÜRFNIS MIT DEM KAISER

Der öffentliche Eklat im Centralbad war nun nicht mehr diskret aus der Welt zu schaffen und Franz Joseph sah sich gezwungen, ein Machtwort zu sprechen. Ludwigs Verbannung aus Wien und seine Abreise verliefen jedoch völlig unauffällig und unverdächtig. So berichteten die Zeitungen am 1. Februar 1904 beiläufig, dass der Erzherzog aus gesundheitlichen Gründen nach Meran abgereist sei.[194] Begleitet wurde er von seinem Obersthofmeister Max Thun, seinem Kämmerer Rudolph Coreth sowie einem Hofarzt. In Meran wohnte er im Grandhotel Meranerhof und nahm wie immer am gesellschaftlichen Kurleben teil – also kann der Gesundheitszustand des Erzherzogs nicht allzu beeinträchtigt gewesen sein. Drei Monate später, am 2. Mai, reiste er von dort nach Salzburg, wo er nun für immer leben sollte. Erst als er von hier aus seine Hofhaltung in seinem Palais am Schwarzenbergplatz sowie in der Salzburger Residenz auflöste, wurde der Öffentlichkeit bewusst, dass es sich um eine Art Verbannung handelte. Was tatsächlich der Grund dafür war, blieb vorerst ein Geheimnis. Die Zeitungen berichteten nur von einem Zerwürfnis zwischen dem Kaiser und seinem Bruder und selbst Erzherzog Leopold Salvator wunderte sich: »Was war geschehen? Die Wiener, die den Erzherzog liebten, erfuhren es nie. Diesmal bewahrten die massiven Mauern der Hofburg ihr Geheimnis. Fast war's das einzige Mal, denn gewöhnlich wurden alle Geheimnisse bald eine Beute der Straße. Nach einiger Zeit erfuhren die Wiener nur, daß Erzherzog Ludwig in die Verbannung geschickt worden war. Zwei Adjutanten des Kaisers begleiteten ihn an seinen Bestimmungsort – nach Salzburg.«[195] So geheimnisumwittert, wie es Leopold darstellte, war die Angelegenheit jedoch nicht, dass er nicht eingeweiht war, mag daran liegen, dass er zu diesem Zeitpunkt aus der Familie ausgeschieden war und als Leopold Wölfling Österreich verlassen hatte.

Dass es sich – zumindest vorübergehend – tatsächlich auch um eine gesellschaftliche Ächtung des Kaiserbruders handelte, bestätigt auch das Gästebuch des Erzherzogs aus dem Schloss Kleßheim.[196] Noch zu Beginn des Jahres 1904 war Ludwig beliebter Gastgeber großzügiger Diners und Gesellschaften gewesen und das gesamte *Who's who* der Hocharistokratie war bei ihm ein und aus gegangen. So erschienen zu seinen Diners alle führenden Familien wie Württemberg, Liechtenstein, Pálffy, Kinsky, Esterházy, Metternich, Dietrichstein, Pallavicini, Schönborn, Schwarzenberg, Wilczek, Erdödy, Festetics, Kielmannsegg, Thun, Hohenlohe, Harrach, Kottulinsky, Ludwigstorff, Hoyos, Fürstenberg, Paar, Seilern, Salm, Hardegg, Lamberg, Wimpffen, Wurmbrand, Trauttmansdorff, Hohenzollern, Meran, Orléans, Öttingen, Thurn und Taxis usw. Da viele Ehepaare des Öfteren auch mit ihren Töchtern anwesend waren, machte sich bis dahin offenbar auch niemand Sorgen um das seelische und moralische Heil der jungen Mädchen.

Doch nicht nur die Hocharistokratie, sondern auch Jugendfreunde, Künstler und Vertreter des öffentlichen Lebens waren geladen. Unter anderen die Maler Heinrich Angeli, Karl Blaas und Franz Pausinger, der Präsident des Kunstvereins, sowie sein Freund aus Kindertagen, Heinrich Wittek, der Sohn seines Lehrers Johann Wittek, der auch Kaiser Franz Joseph unterrichtet hatte. Heinrich hatte als Spielgefährte des kleinen Ludwig und sicherlich auch dank seiner Nähe zum Kaiserhaus eine erstklassige Ausbildung erhalten und war 1898 zum Eisenbahnminister ernannt worden. Auch Franz Graf Merveldt, der Bruders seines verstorbenen Freundes Paul, war in diesen Jahren immer wieder zu Gast – oft auch nur alleine mit Ludwig.

Dass Ludwig ein Gourmet war, offenbaren auch die Speisen. So gab es immer wieder Austern, Schildkrötensuppe, Kalbsnieren, Fasane, Tauben, Wachteln, Kapaune, Hummer, Langusten und Scampi. Noch

Erzherzog Ludwig mit seinem Hund, einem Pinscher namens „Friend", um 1910.

Schloss Kleßheim, Salon des Erzherzogs.

1903 war Franz Joseph mit großem Gefolge aus Wien zu Gast, das letzte große Diner für 24 Personen fand am 21. Jänner 1904 statt. In den folgenden Tagen, als der Erzherzog offenbar schon alles für seine Abreise zur Ballsaison in Wien vorbereitete, kam nur noch sein engstes Umfeld: Franz Merveldt, Graf Palffy, seine ehemaliger Obersthofmeister Wimpffen sowie sein aktueller Max Thun mit seiner Frau. Als Ludwig nun nach einigen Monaten wieder zurückkehrte, ist auch aus dem Gästebuch klar ersichtlich, dass der Erzherzog sein gesellschaftliches Leben nicht wieder aufnahm. Das erste Diner in Kleßheim fand wieder am 23. Juni statt – zu Gast waren diesmal nur sein enger Freund Philipp Württemberg, der am Traunsee lebte, und dessen Sohn Albrecht. Erst am 4. Juli fand die nächste Einladung statt, wieder nur im kleinsten Kreis enger Vertrauter: Graf St. Julien und Pálffy, kurz darauf Wimpffen, Thun und Pálffy.

Dass Ludwig von der ganzen Familie gemieden oder gar verstoßen wurde, ist jedoch unrichtig. Es gab zwar einige Zeit lang keinen persönlichen Kontakt mit dem Kaiser, dessen Tochter Prinzessin Gisela kam jedoch ebenso mit ihrem Mann Leopold wie Marie Valerie. Zu einer seiner treuesten Freundinnen wurde in dieser Zeit die Baronin Dlauhowesky, die beinahe täglich mit dem Erzherzog speiste. Interessant ist, dass am 13. August erstmals der Direktor der Landes-

Schloss Kleßheim, Einblick in das „Delfter Zimmer" im Hochparterre des Schlosses mit einem Teil der umfangreichen Porzellansammlung des Erzherzogs.

heilanstalt für »Geisteskranke« in Lehen, Primar Dr. Schweighofer, der in den folgenden Jahren noch eine zentrale Rolle spielen sollte, zu ihm kam. Die Diners fanden nach dem Eklat im Jahre 1904 also zwar weiterhin statt, doch immer nur in kleinem Kreis und mit engen Freunden, die offenbar nach wie vor zu ihm hielten und sich nicht um den Wiener Skandal kümmerten. Auch der Zwist mit dem Kaiser war nicht von allzu langer Dauer, denn bereits ein Jahr später besuchte Franz Joseph im August 1905 auf dem Weg nach Ischl seinen Bruder in Salzburg.

Unverständlich erscheint jedoch, dass Ludwig, der offenbar sein Palais in Wien aufgeben musste, sich demonstrativ nicht mehr darum kümmerte. Dies fiel in Wien natürlich auf – vor allem auch nachdem bekannt geworden war, dass Franz Joseph sich bereits 1905 wieder mit Ludwig versöhnt hatte. Dennoch räumte Ludwig das kostbar ausgestattete Palais nicht, sondern ließ es einfach verfallen. In der Presse war 1910 dazu zu lesen, dass das Wiener Palais »verwaist« war, seit Ludwig 1904 aus Wien abgereist war: »Das Gebäude wurde geschlossen, das kostbare Inventar sich selbst überlassen. Die Einrichtung des großen Festsaales, besonders die wertvollen Wandgemälde in diesem Raum, nahmen bedeutenden Schaden. Das Mobiliar der im ersten Stockwerk gelegenen Appartements des Erzherzogs blieb gleichfalls mangels der notwendigen Pflege der Vernichtung preisgegeben. Es wurden daher vielfach Versuche unternommen, das Palais an geeignete Käufer weiter zu geben. Vor ungefähr fünf Jahren (d.h. 1905) haben Vermittler dem Obersthofmeisteramt Anträge wegen des Palais gemacht, ohne Ergebnis.«[197] Kurz darauf verkaufte Ludwig sein Palais schließlich an den k. k. Militärwissenschaftlichen- und Casinoverein.

In welchem Ausmaß der Erzherzog nach einer kurzen Pause sein gewohntes Leben wieder aufnahm, ist nicht sicher: »Bemerkenswert ist das Verhalten der Bevölkerung von Salzburg, seiner früheren Bekannten und Freunde. Es hat ihn nämlich auch nach seinem Sturze nie jemand mit dem Zucken einer Wimper merken lassen, daß etwas geschehen sei und so wurde er überall wie früher mit größter Achtung und Höflichkeit behandelt.«[198]

Ludwig lebte nun äußerst zurückgezogen. Er hatte alle Würden und offiziellen Positionen bis auf jene des *Protectors* des Salzburger Kunstvereins aufgegeben, wobei er auch dort nicht mehr persönlich in Erscheinung trat. Angeblich musste er am Beginn seiner Verbannung die damals übliche Behandlung für moralisch verwerfliche, hysterische oder sexuell abartige Patienten – normalerweise Ehefrauen, die eine Affäre hatten und sich scheiden lassen wollten –, nämlich Kaltwasserkuren, über sich ergehen lassen.[199] Unterstützung erhielt er ausgerechnet von seinem behandelnden Arzt Dr. Schweighofer, der sich für seinen Patienten einsetzte und persönlich versuchte, eine Lockerung der drastischen Maßnahmen bei Kaiser Franz Joseph zu erwirken. Offenbar mit Erfolg, denn Ludwig begann, wenn auch äußerst zurückhaltend, wieder am öffentlichen Leben teilzunehmen. Das einzig sichtbare Zeichen seiner Verbannung war, dass er jetzt keine Uniform mehr trug, sondern nur noch Zivilkleidung. Er liebte englische Mode und trug im Sommer immer einen weißen Hut. Begleitet wurde er von seinem Kämmerer Rudolf Graf Coreth und außer seinem Sekretär Stötzel und Kammerdiener Aicher gab es nicht mehr viel Personal in Kleßheim. Seine Adjutanten, Graf Stolberg und Graf Blankenstein, wohnten nicht mehr im Schloss, sondern in Dienstwohnungen in der Stadt Salzburg.

Ludwig war nach wie vor ein begeisterter Spaziergänger und wanderte täglich mehrere Stunden durch die Umgebung des Schlosses. Begleitet wurde er dabei meist nur von Bernhard Graf Stolberg, den man in Salzburg nur noch den »Gesellschaftsherrn« nannte. In den warmen Monaten spazierte er gern zum Schloss Hellbrunn, wo er in der Meierei einkehrte und ein Glas saure Milch – das täglich für ihn vorrätig sein musste – trank. Bei schlechtem Wetter machte Ludwig Ausfahrten, bei Schnee liebte er Schlittenfahrten – am liebsten nach Berchtesgaden, zum Thumsee oder in die sonstige Umgebung Kleßheims. Selten, aber doch empfing er Besuch, abgesehen von Franz Josephs Töchtern kamen sowohl Erzherzog Otto als auch Erzherzog Eugen immer wieder nach Kleßheim. Nur ins Theater ging Ludwig nicht mehr, was er davor gerne getan hatte. Denn wieder einmal hatte es Ludwig geschafft, sich mit engen Freunden zu überwerfen. Dazu hatte in Salzburg viele Jahre lang Ferdinand IV. Salvator, der letzte Großherzog der Toskana, gezählt, der seit dem Verlust der Toskana 1860 ebenfalls im Salzburger Exil lebte. Ferdinand und Ludwig verstanden sich blendend, unternahmen viel gemeinsam und teilten unter anderem zwei große Leidenschaften: die Photographie und das Theater. Doch mit einem Schlag war auch diese Freundschaft beendet – und damit Ludwigs Theaterpassion. Denn es gab in Salzburg nur eine Hofloge und Ludwig wollte um jeden Preis vermeiden, in die Verlegenheit zu kommen, mit einem Mitglied der geächteten Toskana-Familie in einer Loge zu sitzen. Seine Abneigung ging so weit, dass er sich nicht einmal mit ihnen über Mittelsmänner absprechen wollte, wer die Loge wann nutzen könne, um sich nicht zu begegnen. Ludwig war wie auch schon in den anderen Fällen kompromisslos. Hatte er einmal mit jemandem gebrochen, so war diese Person für ihn gestorben und wieder war der Anlass eine »moralische Verfehlung«, die der seltsamerweise so sittenstrenge Ludwig nicht tolerieren konnte.

DIE GRÄFIN MONTIGNOSO

Diesmal betraf es jedoch eigentlich gar nicht Ferdinand selbst, sondern seine Tochter Luise, deren Flucht vom sächsischen Königshof ähnlich wie bei Louise Coburg für einen handfesten internationalen Skandal sorgte. Luise hatte vordergründig eine glänzende Partie gemacht und den sächsischen Kronprinzen geheiratet. Nach einigen Ehejahren und sechs gemeinsamen Kindern verliebte sie sich anlässlich einer Parisreise mit ihrem Mann jedoch in den 23-jährigen André Emile Giron, der im Haushalt einer befreundeten Familie als Erzieher fungierte. Der gebildete und temperamentvolle Belgier eroberte Luises Herz im Sturm und es entwickelte sich bereits in Paris eine Romanze zwischen den beiden. Luise fädelte es nun geschickt ein, dass Giron als Französisch-Sprachlehrer ihrer Kinder nach Dresden übersiedelte. Doch die Liaison flog schließlich auf und eine äußerst lebhafte Auseinandersetzung der Eheleute endete damit, dass Giron entlassen wurde. Luise musste außerdem ihren Mann auf Befehl ihrer Eltern, die vom Kronprinzen genauestens über ihre Verfehlungen unterrichtet worden waren, um Verzeihung bitten. Kurze Zeit schien die Sache erledigt, doch dann wurde die geheime Korrespondenz der Liebenden entdeckt, aus der noch dazu hervorging, dass »die Beziehungen der Kronprinzessin zu dem Franzosen (sic!) ereignisschwere waren«[200] – mit einem Wort: Sie war schwanger.

Luise leugnete in einer Unterredung mit ihrem Mann den Sachverhalt gar nicht erst, packte ihre Koffer und verließ Dresden am 9. Dezember 1902 für immer. »Der König soll einer Ohnmacht nahe gewesen sein«, hieß es in den Gazetten.[201] Luise floh nach Genf, wo sie sich auch mit ihrem Bruder Erzherzog Leopold Ferdinand traf, der sie in ihrer Entscheidung bestärkt hatte. Zunächst lebte sie mit Emile Giron und ihrem Bruder im Hotel d'Angleterre, doch ihr Leben sollte sich zunehmen schwierig gestalten. Sie litt wie viele Frauen in ihrer Situation schließlich doch unter dem gesellschaftlichen Druck bzw. der gesellschaftlichen Ächtung, denn einer Frau wurde niemals verziehen, ihren Mann verlassen zu haben. So notierte auch Baronin Spitzenberg, die den angesehensten politischen Salon in Berlin führte, in dem die gesellschaftliche Elite verkehrte, in ihrem Tagebuch: »Alle waren sie erfüllt wie wir von dem entsetzlichen Skandale am sächsischen Hofe, der wirklich an Widerlichkeit seinesgleichen sucht! Fünf Kinder, einen Mann, einen Thron zurückzulassen, um mit 32 Jahren, in der Hoffnung von dem Hauslehrer eben dieser Kinder, durchzugehen – es ist geradezu entsetzlich! Wenn die fürstlichen Frauen also sich vergessen, so allem Hohn sprechen, was sonst auch im Unglück für anständig, vornehm, christlich galt, dann nehmen sie sich selbst das Recht des Bestehens.«[202] Noch bevor Luises Ehe im Februar 1903 offiziell geschieden wurde, trennte sie sich jedoch aus unbekannten Gründen von Giron. Ihre Tochter Anna Monika Pia, die kurz darauf im Mai 1903 zur Welt kam, wurde vom Kronprinzen als Tochter anerkannt, da sie ja »in aufrechter Ehe« gezeugt worden war, wogegen sich Luise zunächst heftig zur Wehr setzte. Offenbar war für Friedrich August die Schande zu groß, dass seine Frau nicht nur mit ihrem Liebhaber durchgebrannt war, sondern auch noch ein Kind von ihm bekam.

Den gesellschaftlichen Spielregeln zufolge wäre alles bis zu diesem Punkt keine so große Sache gewesen. Zwischenzeitliche Verwirrungen und hysterische Anfälle konnten irgendwie noch toleriert werden, doch dass sich Luise tatsächlich von ihrem Mann scheiden ließ, ging zu weit. Erst jetzt setzte die volle gesellschaftliche Ächtung ein und bezeichnenderweise kam es auch genau zu diesem Zeitpunkt zu einem Bruch zwischen Ferdinand und Ludwig, der keinen Kontakt mehr zum Vater der Verstoßenen haben wollte. Luise erhielt den Titel einer Gräfin von Montignoso sowie eine Apanage, lebte in der Nähe von Lyon, danach auf der Isle of Wight, dann am Bodensee und in Florenz.

Luise von Toskana mit ihrem zweiten Mann, dem italienischen Komponisten Enrico Toselli.

Gegen eine Erhöhung ihrer Apanage auf jährliche 40.000 Kronen – umgerechnet ca. 350.000 Euro – willigte sie schließlich ein, ihre Tochter am sächsischen Königshof erziehen zu lassen, und heiratete 1907 den Komponisten Enrico Toselli, von dem sie sich einige Jahre später wieder scheiden ließ. Schließlich lebte sie unter dem Namen Comtesse d'Ysette in der Nähe von Brüssel und starb verarmt im Jahre 1947.

Die Geschichte der Gräfin Montignoso wirft ein bezeichnendes Licht auf den ambivalenten Charakter Ludwigs. Denn es mutet aus heutiger Sicht beinahe schizophren an, dass ausgerechnet er, der sein Privatleben ja gänzlich außerhalb der damaligen moralischen »Norm« und noch dazu in Verbannung lebte, in der Frage der Scheidung Luises wie schon bei Franz Ferdinand und seiner »Mesalliance« den entrüsteten Moralapostel gab und den Kontakt zu den »Außenseitern« abbrach. Die Vermutung Leopold Salvators, dass die enttäuschte Liebe zu einer Bürgerlichen zu dieser unversöhnlichen Partouthaltung geführt habe, ist eher unglaubwürdig. Vielmehr zeigt sie auch ganz klar die Doppelmoral der Zeit auf: Alles was nicht offiziell gemacht wurde, war erlaubt, ein offener Bruch mit den Konventionen wurde jedoch rigoros geahndet.

UNTER KURATEL GESTELLT – LETZTE KRANKHEIT UND TOD

Die letzten Jahre seines Lebens lebte Ludwig relativ vereinsamt in Kleßheim. Nachdem er sich mit dem Großteil seiner Familie zerstritten hatte, hatte er nur noch zu seinen Nichten Gisela und Marie Valerie engeren Kontakt. Die beiden Töchter Franz Josephs besuchten Ludwig regelmäßig, auch in Ischl traf die Familie immer wieder zusammen. Große Festlichkeiten gab es jedoch keine mehr, nur die Feier anlässlich des 60-jährigen Regierungsjubiläums Kaiser Franz Josephs im August 1908, das in Ischl mit einer großen Familientafel gewürdigt wurde, bildete eine Ausnahme. 1906 war auch sein Neffe Erzherzog Otto gestorben, wodurch sich der Kreis vertrauter Personen weiter verringert hatte. Dieser war von ihm 1885 adoptiert und somit sein Erbe geworden und hatte ihn immer wieder besucht.

Ludwigs Alltag beschränkte sich zunehmend auf Spaziergänge, deren Radien allerdings auch immer enger wurden, und Diners im kleinsten Kreis. Immer wieder war in den Zeitungen von Erkrankungen zu lesen, immer öfter wurde auch der »Nervenarzt« Dr. Schweighofer genannt.

Im Jahre 1910 ließ Ludwig die »Erzherzoglich Ludwig Viktor'sche Familienstiftung« einrichten.[203] Ob dies mit der Verschlechterung seines Gesundheitszustandes zusammenhing, kann nur vermutet werden. Jedenfalls wurde die Familie seines verstorbenen Neffen Erzherzog Otto, Erzherzogin Maria Josepha sowie ihre beiden Söhne Erzherzog Karl (der spätere Kaiser Karl I.) und Maximilian, als Begünstigte eingesetzt. Als Vermögensverwalter wurde Hofrat Joseph Gautsch bestimmt.

Erzherzog Ludwig Victor.
Foto von Ludwig Angerer
um 1900.

Der Erzherzog war nur noch äußerst selten in der Öffentlichkeit zu sehen, in den Zeitungen wurde in diesen Jahren nur über seine regelmäßigen Spenden berichtet: So spendete er monatlich 500 Kronen an die Salzburger Bürgerstiftung, 1.000 Kronen dem Salzburger Reserve-Spital, 500 Kronen für die Familien der Soldaten aus Salzburg, die sich an der Front befanden, weiters an die Realschule und an Kriegsflüchtlinge. Darüber hinaus wurde wie jedes Jahr das Stipendium für mittellose Schüler für das k. k. Staatsgymnasium ausgeschrieben, das er 1880 anlässlich des 50. Geburtstages Kaiser Franz Josephs ins Leben gerufen hatte.[204]

Ludwig war kränklich und sicherlich angeschlagen, denn die mittlerweile achtjährige Verbannung hatte – kaum verwunderlich – auch auf seine Psyche Auswirkungen. Und wieder war es Thronfolger Franz Ferdinand, der diese Situation ausnutzte, Ludwig neuerlich Verfehlungen unterstellte und dafür sorgte, dass er nun endgültig praktisch unter Arrest gestellt wurde. So schrieb er 1912 dem Landespräsidenten von Salzburg, Graf Schaffgotsch: »Wie ich durch einen Bekannten nur andeutungsweise erfahre, scheint in Kleßheim neuerdings etwas ‚passiert' zu sein. Es scheint abermals eine Verfehlung vorgekommen zu sein.«[205] Schaffgotsch antwortete: »Ob es sich wirklich um Verfehlungen aus allerjüngster Zeit oder darum handelt, daß infolge der intensiven Nachforschungen, die seit dem letzten Herbst gepflogen wurden, Umstände zu Tage getreten sind, die zur Wiederaufnahme strenger Maßnahmen zwangen, möchte ich vorläufig dahin gestellt lassen ...«[206] Dies klingt eher danach, als hätte man versucht, mit alten Geschichten eine Verschärfung der Lebensbedingungen und seiner Bewegungsfreiheit zu erwirken – was auch gelang, denn Schaffgotsch berichtet weiter: »Zwei Tore von Kleßheim sind geschlossen, die Wachen sind verstärkt. Die Dienerschaft ist verringert, die Autofahrten sind eingestellt, der Chauffeur ist entlassen, Besuche in Salzburg finden nicht mehr statt, Empfänge und Einladungen im Schloß ebensowenig. Wie ich höre, sollen künftig im ganzen nur mehr drei Personen in Kleßheim Zulaß finden und auch die nur unter fallweiser Genehmigung.«[207] Diese Verfügungen kamen einer Internierung gleich.

So war es danach auch kein großer Schritt mehr, als Ludwig Victor, was dennoch viele überraschte, 1915 unter Kuratel gestellt wurde. Der Grund dafür war allerdings nicht die angeblich skandalöse oder anstößige Lebensführung des Erzherzogs, sondern vielmehr seine tragische Erkrankung. Dass Ludwig in seinen letzten Jahren an Demenz litt, ließen bereits einige zeitgenössische Schilderungen vermuten. Der ehemals so geistreiche Erzherzog schien verwirrt und unsicher. Leopold Wölfling schilderte seine letzte Begegnung mit ihm in Salzburg folgendermaßen: »Ich war damals in Salzburg und sah Ludwig Victor oft. Wenn ich ihm begegnete, lächelte er sonderbar, und seine Blicke begannen herumzuirren. Er machte auf mich den Eindruck eines Menschen, der dem Irrsinn nahe ist.«[208] Diese Vermutung lässt sich nun eindeutig bestätigen, demnach litt Ludwig in seinen letzten Lebensjahren an Demenz und wurde von einem Pfleger,

Ludwigs Sterbezimmer im Schloss Kleßheim kurz nach seinem Tod.

der dafür extra eine spezielle Ausbildung in Wien erhalten hatte, betreut.[209] Die Bestellung eines Sachwalters hatte also nichts mit Irrsinn oder gar ungebührlichem Verhalten zu tun, sondern schlicht und einfach mit seiner Demenzerkrankung. Zum Kurator wurde Erzherzog Eugen bestimmt, die Betreuung vor Ort übernahm jedoch der Verwalter seiner Stiftung, Hofrat Gautsch. Seine ohnehin mehr oder weniger bestehende Internierung wurde durch Gautsch nochmals verschärft, er durfte sich nur noch in drei Räumen aufhalten, in denen die Fenster vergittert waren, und wurde angeblich von Nonnen bewacht.[210]

Warum Erzherzog Eugen, zu dem Ludwig ja eine gute und enge Beziehung hatte, nicht eingriff oder Gautsch in seine Schranken wies, ist leider nicht festzustellen.[211] Auffallend ist, dass sich nun negative Berichte und Gerüchte verbreiteten, die den Erzherzog als wahnsinnig und gemeingefährlich darstellten: »... Sein Lebenslauf unterschied sich wenig von dem der anderen Prinzen des Hauses Habsburg.

Ludwig Victor wurde natürlich Offizier und brachte es zum General der Infanterie. Irgendeine Rolle zu spielen war er geistig nicht fähig ... Bald machten sich aber bei ihm Neigungen geltend, die ihn, wäre er ein gewöhnlicher Sterblicher gewesen, mit dem Strafgesetz in Konflikt gebracht hätten ... die letzten Lebensjahre des Erzherzogs waren trübe und einsam. Sein Geist verfiel immer mehr; er war ein armer alter Narr geworden, dessen einziges Vergnügen darin bestand, seine mit den persönlichen Dienstleistungen betraute Umgebung zu kratzen und zu schlagen, ähnlich wie es Kaiser Ferdinand getan hatte.«[212] Ob hinter solchen Berichten Hofrat Gautsch steckte, um sein rigoroses Vorgehen zu rechtfertigen, muss offenbleiben.

Nach dem Tod Kaiser Franz Josephs im November 1916, auf dessen Begräbnis Ludwig nicht mehr erschien, hatte der Erzherzog sicherlich seinen größten Beschützer verloren. Da dessen Nachfolger Kaiser Karl jedoch sein Erbe war, sollte man davon ausgehen, dass er sich um seinen Erbonkel kümmerte, darüber ist in den Quellen jedoch nichts zu finden – nur ausgerechnet die Erhebung des Hofrats Gautsch in den Freiherrenstand für seine geleisteten Dienste ... Spätestens seit dem Ende der Monarchie 1918 hatte der Erzherzog jedoch alle seine Beschützer verloren und war Baron Gautsch de facto hilflos ausgeliefert. Gautsch versuchte einige Zeit lang, ihn in einer Nervenheilanstalt zu internieren – angeblich um endlich frei über Ludwigs Vermögen disponieren zu können –, was allerdings durch Dr. Schweighofer verhindert wurde.[213] Anfang Jänner 1919 erkrankte Ludwig schließlich an einer Lungenentzündung, von der er sich nicht mehr erholte. Am 19. Jänner starb der Erzherzog im Beisein seiner letzten Vertrauten sowie Erzherzogin Marie Valeries, die an sein Sterbebett geeilt war, mit 76 Jahren.

Bereits im Jahre 1906 hatte Ludwig verfügt, wie nach seinem Tod mit ihm verfahren werden solle: »Wünsche, daß man sich durch Herzstich meines Todes versichere. Mich nicht ausstelle. Im Friedhofe des Pfarrdorfes Siezenheim begrabe, ohne daß mein Leichnam geöffnet werde.«[214] Marie Valerie sorgte dafür, dass diesen letzten Wünschen entsprochen wurde, dazu zählte auch seine letzte Verfügung an seinen treuen Kammerdiener: »Mein treuer Kammerdiener Aicher hat sich verpflichtet, unverzüglich nach meinem Tode, die in meiner Schreibtischlade befindlichen Papiere zu verbrennen.«[215] Diese Bitte wurde offenbar erfüllt, denn es gibt keinerlei bekannten persönlichen schriftlichen Nachlass des Erzherzogs. In einem Testamentsnachtrag vom Dezember 1912 verfügte Ludwig außerdem, dass drei seinem Rechtsanwalt Dr. Friedrich Oedl in Salzburg zur Aufbewahrung übergebene versiegelte Konvolute nach seinem Tode ungeöffnet zu verbrennen seien – dies betraf Geschäftsbücher seiner Vermögensverwaltung, der Inhalt der beiden anderen Kuverts blieb unbekannt.[216] Um die letzten Verfügungen gab es etliche Verstimmungen, Ludwig hatte seinen Kammerdienern einige Kleidungsstücke, Manschettenknöpfe und ähnliche Kleinigkeiten versprochen, die für die Betreffenden von großem symbolischem Wert gewesen wären. Gautsch missachtete diese Wünsche jedoch und behielt alles selbst. Ludwigs Erben – Maria Josepha und ihre Söhne Karl und Maximilian – entschieden gleich nach dem Tode, das Erbe zu veräußern. So wurde seinem Testament entsprechend von zwei gerichtlich beeideten Sachverständigen eine Bestandsaufnahme des Gesamtinventars durchgeführt. Die Schätzung war jedoch extrem schwierig, da der festgesetzte Wert infolge der immensen Inflation täglich an Wert verlor. So wurden bereits kurz danach ein Großteil des Nachlasses sowie Schloss Kleßheim samt Inventar verkauft. Der Käufer, Don Evaristo San Sagaseta de Hurdez, brachte wiederum einen Großteil davon 1920 umgehend im Dorotheum zur Versteigerung, Schloss Kleßheim wurde an das Land Salzburg verkauft, nur ein kleiner Teil, Autographen, Fotoalben und andere private Dinge blieben in der Familie erhalten.[217]

Ludwig wurde seinen Wünschen entsprechend nicht in der Kapuzinergruft bestattet, sondern dort, wo er gelebt hatte. Mit Wien hatte er gebrochen, in Salzburg war er beliebt gewesen. Seine Grabinschrift bringt ein letztes Mal seine Loyalität zum Kaiser zum Ausdruck – und den Dank an seine treuen Freunde:

Meinem Kaiser (Franz Josef I.) Dank!
Die Seele Gott – in Buß' und Reue;
Der starren Erde meine Hülle. –
Dafür, was sie mir einst im Leben,
Den Dankesgruß an meine Freunde,
Und all' den Blinden mein Vergeben,
Die, – unverdient, mir etwa Feinde.

18. Jänner 1919.

Grabinschrift des Erzherzogs auf dem Siezenheimer Friedhof.

ANMERKUNGEN

1 Ingrid Haslinger, Erzherzogin Sophie. Eine Biographie nach persönlichen Aufzeichnungen der Mutter Kaiser Franz Josephs, Wien 2016, S. 30f.
2 HHStA, Sammelbände des Hausarchivs, K 49, Korrespondenz Kaiser Franz, zit. nach Haslinger, Sophie, S. 31.
3 Ebenda.
4 Zit. nach Adalbert Prinz von Bayern, Max I. Joseph von Bayern, Pfalzgraf, Kurfürst und König, München 1957, S. 836.
5 Zit. nach Haslinger, Sophie, S. 35f.
6 NL Erzherzogin Sophie, Karton 18, Erzherzogin Sophie an Erzherzog Ludwig, Ischl, 21. 7. 1843, zit. nach Gerd Holler, Sophie die heimliche Kaiserin, Wien 1993, S. 109f.
7 Franz Schnürer (Hrsg.), Briefe Kaiser Franz Josephs I. an seine Mutter, 1838–1872, München 1930, S. 23.
8 NL Erzherzogin Sophie, zit. nach Egon Caesar Conte Corti, Vom Kind zum Kaiser, Kindheit und erste Jugend Kaiser Franz Josephs I. und seiner Geschwister, geschildert nach bisher unveröffentlichten Briefen und Tagebüchern der Mutter des Monarchen, Wien 1950, S. 221.
9 NL Erzherzogin Sophie, zit. nach Corti, S. 225f.
10 NL Erzherzogin Sophie, zit. nach Corti, S. 221f.
11 NL Erzherzogin Sophie, zit. nach Corti, S. 224.
12 NL Erzherzogin Sophie, zit. nach Corti, S. 225.
13 Gabriele Praschl-Bichler, »Ich bin bloß Corvetten-Capitän…« Private Briefe Kaiser Maximilians und seiner Familie, Wien 2006, S. 42.
14 Gabriele Praschl-Bichler, Kaiserliche Kindheit. Aus dem aufgefundenen Tagebuch Erzherzog Carl Ludwigs, eines Bruders von Kaiser Franz Joseph, Wien 1997, S. 188ff.
15 Sophie Baronin Scharnhorst an Eveline Gräfin Sickingen-Hohenberg, Richard Kühn (Hrsg.), Hofdamen-Briefe um Habsburg und Wittelsbach (1835–1865), Berlin 1942, S. 105.
16 Praschl-Bichler, Tagebuch, S. 195f.

17 Anna Maria Sigmund, Die verschollenen Tagebücher Franz Josephs, Wien 1999, S. 89.
18 HHStA, HA, Varia aus der Kabinettsregistratur, Karton 1, Konv. 11, Bl. 16.
19 NL Erzherzogin Sophie, Karton 18, Erzherzogin Sophie an Erzherzog Ludwig 18.09.1844, zit. nach Holler, S. 113.
20 Sigmund, S. 90.
21 NL Erzherzogin Sophie, Tagebuch, 6. Jänner 1843, zit. nach Haslinger, Sophie, S. 81.
22 Tagebuch Joseph Columbus, Nachlass Cölestin Wolfsgruber, Wiener Schottenarchiv, S. 109, zit. nach Elisabeth Kovács, Geheime Notizen des Joseph Columbus, Wien 1971.
23 Zit. nach Praschl-Bichler, Tagebuch S. 222.
24 Kühn, S. 338.
25 Zit. nach Praschl-Bichler, Tagebuch, S. 50.
26 Kühn, S. 99.
27 Kühn, S. 79.
28 Kühn, S. 81.
29 Sigmund, S. 28.
30 Praschl-Bichler, Tagebuch, S. 181f.
31 Kovacs, S. 80.
32 Kovacs, S. 134.
33 Kovacs, S. 61.
34 HHStA, SB, Familienarchiv Coronini Cronberg, Tagebuch Johann Baptist Coronini-Cronberg, 18. Jänner 1848.
Ich danke Dr. Mag. Thomas Just ganz herzlich für diesen Hinweis.
35 Kühn, S. 150.
36 Kühn, S. 156.
37 Praschl-Bichler, Maximilian, S. 43.
38 Praschl-Bichler, Maximilian, S. 44.
39 Allgemeine Österreichische Zeitung, 28. Juni 1848, zit. nach Gerd Holler, Gerechtigkeit für Ferdinand, Wien 1986, S. 229.
40 Schnürer, S. 93.
41 HHStA, SB, Familienarchiv Coronini Cronberg, Tagebuch Johann Baptist Coronini-Cronberg, 21. Jänner 1848.
42 Alois Brandl, Erzherzogin Sophie von Österreich und eine tirolische Dichterin, Walburga Schindl, 1902, S. 76ff.
43 Brandl, S. 76ff.

44 Brandl, S. 76ff.
45 Kühn, S. 204f.
46 Praschl-Bichler, Maximilian, S. 48.
47 Kühn, S. 207f.
48 Brandl, S. 88.
49 Kühn, S. 267.
50 Kühn, S. 290f.
51 Zit. nach Corti, S. 153.
52 Zit. nach Corti, S. 161f.
53 Praschl-Bichler, Maximilian, S. 52.
54 Praschl-Bichler, Maximilian, S. 68f.
55 Friedrich Weissensteiner, Lieber Rudolf, Briefe von Kaiser Franz Joseph und Elisabeth an ihren Sohn, Wien 1991, S. 155.
56 Zit. nach Brigitte Hamann, Elisabeth. Kaiserin wider Willen, Wien 1997, S. 189f.
57 NL Erzherzogin Sophie, zit. nach Weissensteiner, Briefe, S. 24.
58 Kaiserin Elisabeth an Erzherzog Ludwig Victor, Funchal, 1. Februar 1861, Wallsee, zit nach Corti, S. 100.
59 Kaiserin Elisabeth an Erzherzog Ludwig Victor, Funchal 1861, Wallsee, zit nach Corti S. 101.
60 Kaiserin Elisabeth an Erzherzog Ludwig Victor, Funchal, 1. April 1861, Wallsee, zit nach Corti S. 102.
61 Kaiserin Elisabeth an Erzherzog Ludwig Victor, Korfu, 28. Juli 1861, Wallsee, zit nach Corti S. 107.
62 Kaiserin Elisabeth an Erzherzog Ludwig Victor, Venedig, 21. März 1861, Wallsee, zit nach Corti S. 110.
63 Heinrich Graf Schönfeld, Erinnerungen aus dem Leben der Obersthofmeisterin Elisabeth Reichsgräfin von Schönfeld, Wien 1907, S. 120.
64 Emil Schaeffer, Habsburger schreiben Briefe. Privatbriefe aus 5 Jahrhunderten, Leipzig 1935, S. 182.
65 Haslinger, S. 209.
66 Zit. nach Holler, Sophie, S. 338.
67 Ebenda.
68 Kovacs, S. 42.
69 Fürstin Nora Fugger, Im Glanz der Kaiserzeit, Wien 1932, S. 124.
70 Leopold Wölfling, Als ich Erzherzog war, Wien 1988, S. 122ff.
71 Peter Broucek, Ein General im Zwielicht. Die Erinnerungen Edmund Glaises von Horstenau, Wien 1980, S. 161.

72 Fugger, S. 126.
73 Zit. nach Roswitha Juffinger, Erzherzog Ludwig Viktor. Franz Josephs jüngster Bruder und sein Schloss Kleßheim. Katalog zur Ausstellung Residenzgalerie Salzburg / DomQuartier Salzburg, Salzburg 2019, S. 19.
74 NL Erzherzogin Sophie, zit. nach Haslinger, S. 86.
75 Praschl-Bichler, Maximilian, S. 202.
76 Juffinger, S. 19.
77 NL Erzherzogin Sophie, zit. nach Haslinger, S. 86f.
78 NL Erzherzogin Sophie, zit. nach Haslinger, S. 87.
79 NL Erzherzogin Sophie, zit. nach Haslinger, S. 87.
80 NL Erzherzogin Sophie, zit. nach Haslinger, S. 86.
81 NL Erzherzogin Sophie, zit. nach Haslinger, S. 88.
82 Ebenda.
83 Zit. nach Ludwig von Przibram, Erinnerungen eines alten Österreichers, Stuttgart 1910, Bd. 1, S. 138.
84 Siehe dazu Alena Skrabanek, Funktionsgeschichte und Möbelausstattung der Salzburger Residenz unter habsburgischer Verwaltung, in: MGSLK 158/159, 2018/2019. Ich danke Dr. Roswitha Juffinger ganz herzlich für diesen Hinweis.
85 Weissensteiner, S. 19 und 29.
86 Zit. nach Michaela Lindinger, Sonderlinge, Außenseiter, Femmes Fatales. Das »andere« Wien um 1900, Wien 2015, S. 36.
87 Schnürer, S. 350.
88 Dr. Roswitha Juffinger danke ich für ihre Unterstützung meiner Recherche: Nach einem Gespräch am 18. 12. 2018 erhielt ich ein Konvolut von Zeitungsausschnitten zu Ludwig Viktor, ein PDF des im Kavalierhaus/Kleßheim aufliegenden »Menu-Buchs«, das den Zeitraum Oktober 1902 bis Sommer 1904 umfasst, sowie die konkreten Daten aus den Tagebüchern von Erzherzogin Sophie.
89 Zit. nach Helmut Neuhold, Das andere Habsburg: Homoerotik im österreichischen Kaiserhaus, Wien 211, S. 59.
90 Gemeinde Zeitung 18. 8. 1867, freundlicher Hinweis Dr. Roswitha Juffinger.
91 Friedrich Ferdinand Graf von Beust, Aus drei Viertel-Jahrhunderten. Erinnerungen und Aufzeichnungen, Stuttgart 1887, S. 136.
92 Georg Nostitz-Rieneck, Briefe Kaiser Franz Josephs an Kaiserin Elisabeth 1859–1898, Wien 1966, Bd. I. S. 74.
93 Ebenda.

94 Zit. nach Przibram, S. 138.
95 Siehe Anm. 88.
96 Zit. nach Haslinger, S. 142.
97 Hamann, Kaiserin, S. 403.
98 Egon Caesar Conte Corti, Elisabeth. Die seltsame Frau, Salzburg 1934, S. 145.
99 Kaiserin Elisabeth an ihre Mutter Herzogin Ludowika in Bayern, Wien 26. Mai 1866, Wallsee, zit. nach Conte Corti, Elisabeth, S. 146.
100 Siehe Anm. 88.
101 Irmgard Schiel, Stephanie. Kronprinzessin im Schatten von Mayerling, Stuttgart 1978, S. 133.
102 Fugger, S. 127.
103 HHStA, MdÄ, Zeitungsarchiv, 45-3.
104 Zit. nach Neuhold, S. 41.
105 Wölfling, S. 125f.
106 Carl Maria Kertbeny (Benkert), Moderne Imperatoren, Diskretes und Indiskretes, S. 23f.
107 Zit. nach Haslinger, S. 88. Anm.: Offenbar war der tatsächliche Todestag Maximilians (19.6.) damals bei Hof noch nicht bekannt.
108 Zit. nach Haslinger, S. 89.
109 HHStA, Familienurkunden Nr. 2362.
110 HHStA, MdÄ, Informationsbüro, Serie b Konfidentenberichte, Erzherzog Eugen.
111 HHStA, MdÄ, Informationsbüro, Serie b Konfidentenberichte, Erzherzog Ludwig Victor.
112 Ebenda.
113 Otto Friedländer, Letzter Glanz der Märchenstadt. Bilder aus dem Leben der Jahrhundertwende, Wien 1948, S. 208.
114 Sabine Fellner, Katrin Unterreiner, Morphium, Cannabis und Cocain, Medizin und Rezepte des Kaiserhauses, Wien 2013.
115 Praschl-Bichler, Historische Photographien aus den Alben des Kaiserbruders Erzherzog Ludwig Victor, Wien 1999, S. 76. Die Memoiren Claudine Couquis bestätigen dies allerdings nicht.
116 Erich Kielmansegg, Kaiserhaus, Staatsmänner und Politiker. Aufzeichnungen des k.k. Statthalters Erich Graf Kielmansegg, Wien 1966, S. 141.
117 Jean de Bourgoing, Briefe Kaiser Franz Josephs an Frau Katharina Schratt, Wien 1949, S. 276, 26. Juni 1896..

118 An dieser Stelle sein Dr. med. Silke Leidl und Dr. med. Reinhard Told PHD für ihre medizinischen Erklärungen gedankt.
119 HHStA, k. und k. General-Direktion der Ah. Fonde, Reservatakten, Karton 5, 1906 No 4408.
120 Ingrid Haslinger, Erzherzogin Sophie. Eine Biographie nach persönlichen Aufzeichnungen der Mutter Kaiser Franz Josephs, Wien 2016.
121 Haslinger, S. 142.
122 Siehe Anm. 88.
123 Schnürer, S. 305f.
124 Wiener Salonblatt, 5. 6. 1870.
125 Grazer Tagespost, 7. 6. 1870.
126 Siehe Anm. 88.
127 Juffinger, S. 15.
128 Haslinger, S. 184.
129 Schönfeld, S. 135.
130 Nostitz-Rieneck, Bd. I, S. 204.
131 Ebenda.
132 Juliana Stockhausen, Im Schatten der Hofburg, Heidelberg 1952, S. 117.
133 Schönfeld, 12.1.98.
134 Nostitz-Rieneck, Bd. II, S. 347.
135 Nostitz-Rieneck, Bd. II, S. 391.
136 Max Reversi, Erzherzog Ludwig Viktor von Österreich. Eine philosophische Studie, Berlin 1923, S. 8f.
137 Juffinger, S. 23.
138 Egon Dietrichstein, Die Berühmten, Wiener Literarische Anstalt, Wien, Berlin 1920, S. 11. Ich danke Michaela Lindinger ganz herzlich für diesen Hinweis.
139 Neues Wiener Journal, 25.12. 1906, siehe Anm. 88.
140 Juffinger, S. 33.
141 Juffinger, S. 35.
142 Siehe dazu Roswitha Juffinger, Veräußerung der Kunstsammlungen 1919–1922, in: Erzherzog Ludwig Viktor. Franz Josephs jüngster Bruder und sein Schloss Kleßheim, Katalog zur Ausstellung, Salzburg 2019, S.35ff.
143 Eduard Leisching, Aufzeichnungen Kaiser Franz Joseph und seine Familie, unpubl., zit nach Hans Flesch-Brunningen, Die letzten Habsburger in Augenzeugenberichten, Düsseldorf 1967, S. 389.
144 Elisabeth Kinsky-Wilczek, Hans Wilczek erzählt seinen Enkeln. Erinnerungen aus seinem Leben, Graz 1933, S. 402.

145 Hugo Graf Lerchenfeld-Koefering, Erinnerungen und Denkwürdigkeiten 1843–1925, Berlin 1935, S. 39.
146 Siehe dazu Juffinger, S. 28f.
147 Neues Wiener Journal, 25.12. 1906, siehe Anm. 88.
148 Ebenda.
149 Broucek, Glaise, S. 160.
150 Heinrich Baltazzi-Scharschmid, Die Familien Baltazzi-Vetsera im kaiserlichen Wien, Wien 1980, S. 273.
151 Fugger, S. 126.
152 Brigitte Hamann, Kaiserin Elisabeth, Das poetische Tagebuch, Wien 1984, S. 147f.
153 Hamann, Poetisches Tagebuch, S. 263.
154 Gudula Walterskirchen, Beatrix Meyer, Das Tagebuch der Gräfin Marie Festetics. Wien 2014, S. 54 f.
155 Horst und Martha Schad (Hrsg.), Das Tagebuch der Lieblingstochter von Kaiserin Elisabeth Marie Valerie von Österreich, München 1998, S. 255.
156 Walterskirchen, S. 63.
157 Walterskirchen, S. 140.
158 Walterskirchen, S. 113.
159 Felix Salten, Mattachich, in: Die Zeit, 27.3. 1904.
160 Louise Sachsen-Coburg-Gotha, Throne die ich stürzen sah, Zürich 1926, S. 144.
161 Nostitz-Rieneck, Bd. II, S. 378.
162 Bourgoing, S. 299, 12. 5. 1898.
163 Sachsen-Coburg-Gotha, S. 221f.
164 Salten, Mattachich, in: Die Zeit, 27. 3. 1904.
165 Gerd Holler, Louise von Sachsen Coburg. Ihr Kampf um Liebe und Glück, Wien 1991, S. 245f.
166 Karl Kraus, Irrenhaus Österreich, Oktober 1904, in: Sittlichkeit und Kriminalität, Wien 1923, S. 84.
167 Felix Salten, Die flüchtige Luise, in: Die Zeit, 4. 9. 1904.
168 Ebenda.
169 Fugger, S. 323f.
170 Viktor Eisenmenger, Franz Ferdinand, Zürich 1930, S. 18.
171 Fugger, S. 332.
172 Broucek, Glaise-Horstenau, S. 160.
173 Ebenda.

174 Zit. nach Christian Dickinger, Habsburgs schwarze Schafe. Über Wüstlinge, Schwachköpfe, Rebellen und andere Prinzen, Wien 2000, S. 165.
175 HHStA, MdÄ, IB Akten, 400. Ich danke Frau Mag. Zdislava Röhsner ganz herzlich für diesen Hinweis.
176 Ebenda.
177 Reversi, S. 18.
178 Gisbert Spiegelfeld, Mein Stammbaum steht in Österreich, Graz 1987, S. 53. sowie Schönfeld, S. 116.
179 Ebenda.
180 Neues Wiener Journal, 30. September 1923, S. 17.
181 Wölfling, S. 126.
182 Reversi, S. 19.
183 Neues Wiener Journal, 23. September 1923, S. 5.
184 Fugger, S. 128.
185 Wiener Allgemeine Zeitung, 25. Mai 1889, S. 4.
186 Neues Wiener Journal, 5. 12. 1919.
187 Arbeiter Zeitung, 5. 8. 1926.
188 Broucek, Glaise, S. 160.
189 Österreichisches Staatsarchiv, allgemeines Verwaltungsarchiv (AVA), Nachlass Beck, Fasz. 20.
190 Ebenda.
191 Cissy Klastersky, Der alte Kaiser wie nur einer ihn sah. Der wahrheitsgetreue Bericht seines Leibkammerdieners Eugen Ketterl, Wien 1929, S. 53.
192 Siehe dazu Lindinger, S. 40f.
193 Praschl-Bichler, Tagebuch, S. 86.
194 Neues Wiener Tagblatt, 1. 2. 1904.
195 Wölfling, S. 126.
196 Siehe Anm. 88.
197 Neues Wiener Journal, 12. Jänner 1910, S. 2. Ich danke Dr. Roswitha Juffinger für diesen Hinweis.
198 Reversi, S. 20f.
199 Reversi, S. 21.
200 Siehe Anm. 88.
201 Ebenda.
202 Rudolf Vierhaus (Hrsg.), Das Tagebuch der Baronin Spitzemberg, geb. Freiin v. Varnbüler. Aufzeichnungen aus der Hofgesellschaft des Hohenzollernreiches, Göttingen 1960, S. 424.

203 HHStA, SB, UK FUK 2941/1,2 sowie Nachlass Schager-Eckartsau 3-1-21,22.
204 Salzburger Volksblatt, 3. Juli und 15. September 1915.
205 Joachim List, Beiträge zur Stellung und Aufgabe des Erzherzoge unter Kaiser Franz Joseph I., Wien 1982, S. 361f.
206 Ebenda.
207 Ebenda.
208 Wölfling, S. 126.
209 Ich danke Dr. Roswitha Juffinger, die mit einer Nachfahrin dieses Pflegers gesprochen hat, ganz herzlich für diesen Hinweis.
210 Reversi, S. 22.
211 Der Nachlass Erzherzog Eugens ging nach seinem Tod in Privatbesitz über, die Teile, die sich heute in öffentlichen Archiven befinden – dem Tiroler Landesarchiv sowie dem Deutschordens-Zentralarchiv – beinhalten leider keinerlei Quellen dazu. Auch im Tagebuch Eugens, das sich teilweise noch in Familienbesitz befindet, ist darüber nichts vermerkt. Ich danke Dr. Michael Salvator Habsburg-Lothringen ganz herzlich für diese Information.
212 Salzburger Volksblatt, 20. Jänner 1919, S. 2f.
213 Reversi, S. 23.
214 SLA A II 122/19, zit. nach Juffinger, S. 32.
215 Juffinger, S. 31.
216 Juffinger, S. 35.
217 Einen detaillierten Überblick über die Sammlungen des Erzherzogs sowie neueste Forschungsergebnisse über ihre Provenienz und ihren Verbleib liefert Dr. Roswitha Juffinger in ihrem Katalog zur gleichnamigen Ausstellung.

QUELLEN UND LITERATUR

Österreichisches Staatsarchiv:
    Allgemeines Verwaltungsarchiv, Nachlass Beck
    Haus-Hof- und Staatsarchiv:
        Hausarchiv, Familienkorrespondenz A 52
        Hausarchiv, Nachlass Schager-Eckartsau 3 und 7
        Hausarchiv, Sammelbände
        Hausarchiv, Varia aus der Kabinettsregistratur
        Hofarchiv, Hofapotheke, 54, 55, 90, 91
        Hofarchiv, Obersthofmeisteramt, NZA 74
        Hofarchiv, K. u. k. General-Direktion der Ah. Fonde, Reservatakten 5
        Ministerium des Äußeren, Informationsbüro, Konfidentenberichte,
            1, 2, 7a
        Ministerium des Äußeren, Zeitungsarchiv 45
        Sonderbestände, Familienarchiv Coronini-Cronberg,
            Tagebuch Johann Baptist Coronini-Cronberg
        Sonderbestände, Nachlass Braun 2, 6, 11, 25 und 34
        Urkunden, Familienurkunden 2537, 2672, 2941, 2965

Gemeinde Zeitung 18. 8. 1867
Grazer Tagespost, 7. 6. 1870
Neues Wiener Tagblatt, 1. 2. 1904.
Neues Wiener Journal, 25. 12. 1906, 12. 1. 1910, 5. 12. 1919, 23. 9. 1923, 30. 9. 1923
Salzburger Volksblatt, 3. 7. 1915, 15. 9. 1915, 20. 1. 1919
Wiener Allgemeine Zeitung, 25. 5., 5. 8. 1926
Wiener Salonblatt, 5. 6. 1870
Die Zeit, 27. 3. 1904, 4. 9. 1904

Anonym, Das Liebesleben der Habsburger, Wahrheit statt Dichtung, Wien 1922
Heinrich Baltazzi-Scharschmid, Die Familien Baltazzi-Vetsera im kaiserlichen Wien, Wien 1980
Adalbert Prinz von Bayern, Max I. Joseph von Bayern, Pfalzgraf, Kurfürst und König, München 1957
Friedrich Ferdinand Graf von Beust, Aus drei Viertel-Jahrhunderten. Erinnerungen und Aufzeichnungen, Stuttgart 1887
Jean de Bourgoing, Briefe Kaiser Franz Josephs an Frau Katharina Schratt, Wien 1949
Alois Brandl, Erzherzogin Sophie von Österreich und eine tirolische Dichterin, Walburga Schindl, 1902
Peter Broucek, Ein General im Zwielicht. Die Erinnerungen Edmund Glaises von Horstenau, Wien 1980
Egon Caesar Conte Corti, Elisabeth. Die seltsame Frau, Salzburg 1934
Egon Caesar Conte Corti, Vom Kind zum Kaiser, Kindheit und erste Jugend Kaiser Franz Josephs I. und seiner Geschwister, geschildert nach bisher unveröffentlichten Briefen und Tagebüchern der Mutter des Monarchen, Wien 1950
Claudine Cucchi, Erinnerungen einer Tänzerin, Wien 1904
Christian Dickinger, Habsburgs schwarze Schafe. Über Wüstlinge, Schwachköpfe, Rebellen und andere Prinzen, Wien 2000
Lieselotte von Eltz-Hoffmann, Ludwig Viktor (1942–1919); Ein Gönner Salzburgs, in: Bastei – Zeitschrift des Stadtvereins Salzburg (http://www.stadtverein.at)
Viktor Eisenmenger, Franz Ferdinand, Zürich 1930
Sabine Fellner, Katrin Unterreiner, Morphium, Cannabis und Cocain, Medizin und Rezepte des Kaiserhauses, Wien 2008
Sabine Fellner, Katrin Unterreiner, Frühere Verhältnisse, Geheime Liebschaften in der k. u. k. Monarchie, Wien 2010
Hans Flesch-Brunningen, Die letzten Habsburger in Augenzeugenberichten, Düsseldorf 1967
Dorotheum Versteigerungsamt-Wien, Letzte Spezial-Auktion aus dem Nachlasse des Erzherzog Ludwig Victor, Wien 1922
Otto Friedländer, Letzter Glanz der Märchenstadt. Bilder aus dem Leben der Jahrhundertwende, Wien 1948
Fürstin Nora Fugger, Im Glanz der Kaiserzeit, Wien 1932
Edmund von Glaise-Horstenau, Franz Josephs Weggefährte. Das Leben des Generalstabschefs Grafen Beck, Zürich 1930.

Christine Gruber, Erzherzog Karl Ludwig 1833–1896, Diss., Wien 1982
Johannes Haller, Aus dem Leben des Philipp zu Eulenburg-Hertefeld, Berlin 1924
Brigitte Hamann, Kaiserin Elisabeth, Das poetische Tagebuch, Wien 1984
Brigitte Hamann, Elisabeth. Kaiserin wider Willen, Wien 1997
Alma Hannig, Franz Ferdinand, Wien 2013.
Ingrid Haslinger, Erzherzogin Sophie. Eine Biographie nach persönlichen Aufzeichnungen der Mutter Kaiser Franz Josephs, Wien 2016
Hermann Heller, Erzherzog Ludwig Victor. Huldigungsblätter, Brünn 1902
Gerd Holler, Gerechtigkeit für Ferdinand, Wien 1986
Gerd Holler, Louise von Sachsen Coburg. Ihr Kampf um Liebe und Glück, Wien 1991
Gerd Holler, Sophie die heimliche Kaiserin, Wien 1993
Roswitha Juffinger, Erzherzog Ludwig Viktor. Franz Josephs jüngster Bruder und sein Schloss Kleßheim. Katalog zur Ausstellung Residenzgalerie Salzburg / DomQuartier Salzburg, Salzburg 2019
Roswitha Juffinger, Erzherzog Ludwig Viktor von Österreich (1842–1919), Nachlass-Auktionen: Gemälde & Grafik. Dorotheum Wien/American Art Association, New York, online Publikation, 2018
Robert A. Kann, Erzherzog Franz Ferdinand Studien, Wien 1976
Carl Maria Kertbeny (Benkert), Moderne Imperatoren, Diskretes und Indiskretes, Wien 1867
Erich Kielmansegg, Kaiserhaus, Staatsmänner und Politiker. Aufzeichnungen des k.k. Statthalters Erich Graf Kielmansegg, Wien 1966
Elisabeth Kinsky-Wilczek, Hans Wilczek erzählt seinen Enkeln. Erinnerungen aus seinem Leben, Graz 1933
Cissy Klastersky, Der alte Kaiser wie nur einer ihn sah. Der wahrheitsgetreue Bericht seines Leibkammerdieners Eugen Ketterl, Wien 1929
Elisabeth Kovács, Geheime Notizen des Joseph Columbus, Wien 1971.
Richard Kühn (Hrsg.), Hofdamen-Briefe um Habsburg und Wittelsbach (1835–1865), Berlin 1942
Hugo Graf Lerchenfeld-Koefering, Erinnerungen und Denkwürdigkeiten 1843–1925, Berlin 1935
Michaela Lindinger, Sonderlinge, Außenseiter, Femmes Fatales. Das »andere« Wien um 1900, Wien 2015
Joachim List, Beiträge zur Stellung und Aufgabe der Erzherzoge unter Kaiser Franz Joseph I., Wien 1982

Brigitte Mader, Erzherzog Ludwig Salvator (1847–1915). Ein Leben für die Wissenschaft, Wien 2002
Pauline Metternich, Erinnerungen, Wien 1988
Pauline Metternich-Sandor, Geschehenes, Gesehenes, Erlebtes, Wien 1920
Peter Müller, Die Ringstraßengesellschaft, Wien 1984
Helmut Neuhold, Das andere Habsburg: Homoerotik im österreichischen Kaiserhaus, Wien 2011
Georg Nostitz-Rieneck, Briefe Kaiser Franz Josephs an Kaiserin Elisabeth 1859–1898, Wien 1966
Gabriele Praschl-Bichler, Kaiserliche Kindheit. Aus dem aufgefundenen Tagebuch Erzherzog Carl Ludwigs, eines Bruders von Kaiser Franz Joseph, Wien 1997
Gabriele Praschl-Bichler, Historische Photographien aus den Alben des Kaiserbruders Erzherzog Ludwig Victor, Wien 1999
Gabriele Praschl-Bichler, »Ich bin bloß Corvetten-Capitän …« Private Briefe Kaiser Maximilians und seiner Familie, Wien 2006
Ludwig von Przibram, Erinnerungen eines alten Österreichers, Stuttgart 1910
Max Reversi, Erzherzog Ludwig Viktor von Österreich. Eine philosophische Studie, Berlin 1923
Louise Sachsen-Coburg-Gotha, Throne die ich stürzen sah, Zürich 1926
Horst und Martha Schad (Hrsg.), Das Tagebuch der Lieblingstochter von Kaiserin Elisabeth Marie Valerie von Österreich, München 1998
Emil Schaeffer, Habsburger schreiben Briefe. Privatbriefe aus 5 Jahrhunderten, Leipzig 1935
Irmgard Schiel, Stephanie. Kronprinzessin im Schatten von Mayerling, Stuttgart 1978
Heinrich Graf Schönfeld, Erinnerungen aus dem Leben der Obersthofmeisterin Elisabeth Reichsgräfin von Schönfeld, Wien 1907
Josef Schneider (Hrsg.), Kaiser Franz Joseph I. und sein Hof, Wien 1919/1984.
Franz Schnürer (Hrsg.), Briefe Kaiser Franz Josephs I. an seine Mutter, 1838–1872, München 1930
Anna Maria Sigmund, Die verschollenen Tagebücher Franz Josephs, Wien 1999
Alena Skrabanek, Funktionsgeschichte und Möbelausstattung der Salzburger Residenz unter habsburgischer Verwaltung, in: MGSLK 158/159, 2018/2019
Gisbert Spiegelfeld, Mein Stammbaum steht in Österreich, Graz 1987
Chris Stadtlaender, Habsburg intim, Wien 1998

Juliana von Stockhausen, Im Schatten der Hofburg, Heidelberg 1952
Luise von Toscana, Mein Lebensweg, Dresden 1987
Katrin Unterreiner, Die Habsburger. Mythos und Wahrheit, Wien 2011
Katrin Unterreiner, »Meinetwegen kann er gehen«. Kaiser Karl und das Ende der Habsburgermonarchie, Wien 2017
Rudolf Vierhaus (Hrsg.), Das Tagebuch der Baronin Spitzemberg, geb. Freiin v. Varnbüler. Aufzeichnungen aus der Hofgesellschaft des Hohenzollernreiches, Göttingen 1960
Karl Vocelka, Lynne Heller, Die Lebenswelt der Habsburger. Kultur- und Mentalitätsgeschichte einer Familie, Graz 1997
Karl Vocelka, Lynne Heller, Die private Welt der Habsburger, Leben und Alltag einer Familie, Graz 1998
Marie Louise Wallersee-Larisch, Meine Vergangenheit, Berlin 1913
Marie Louise Wallersee-Larisch, Kaiserin Elisabeth und ich, Leipzig 1935
Gudula Walterskirchen, »Der Franzi war ein wenig unartig«. Hofdamen der Habsburger erzählen, Wien 2013.
Gudula Walterskirchen, Beatrix Meyer, Das Tagebuch der Gräfin Marie Festetics, Wien 2014
Wilhelm Weckbecker, Von Maria Theresia zu Franz Joseph, Berlin 1929
Friedrich Weissensteiner, Lieber Rudolf, Briefe von Kaiser Franz Joseph und Elisabeth an ihren Sohn, Wien 1991
Leopold Wölfling, Habsburger unter sich, Berlin 1921
Leopold Wölfling, Als ich Erzherzog war, Wien 1988

Bildnachweis

Angerer, Victor/ÖNB-Bildarchiv/picturedesk.com: Coverfoto, 60
Löwy, Josef/ÖNB-Bildarchiv/picturedesk.com: 79
Baldi & Würthle/ÖNB-Bildarchiv/picturedesk.com: 157, 158
Moravian Gallery in Brno: 2, 76, 101, 104, 105, 126, 159
Foto Bundesdenkmalamt, Wien: 11, 118, 164, 165, 174
Theatermuseum, Wien: 93
Österreichisches Staatsarchiv, Haus-, Hof- und Staatsarchiv: 89, 163
Salzburg Museum: 15
Wikimedia Commons: 16, 39, 50, 55, 69, 81, 95, 131, 141, 170, 172, 177

STYRIA
BUCHVERLAGE

Wien – Graz
© 2019 by Molden Verlag
in der Verlagsgruppe Styria GmbH & Co KG
Alle Rechte vorbehalten
ISBN 978-3-222-15033-3

Bücher aus der Verlagsgruppe Styria gibt es
in jeder Buchhandlung und im Online-Shop
www.styriabooks.at

Coverfoto: Angerer, Victor/ÖNB-Bildarchiv/picturedesk.com
Covergestaltung: Emanuel Mauthe
Layout und Produktion: Johanna Uhrmann

Druck und Bindung: Finidr
Printed in the EU
7 6 5 4 3 2